隼人から見た現代模様

歴史のいまとは何か

中村明蔵

国分進行堂

はじめに

歴史は暗記ものか。

これは大学生に「歴史を学ぶ意味」を尋ねたときの、多くの学生の答えであった。筆者は自分の勤務校のほかに、国立大・公立短大・私立短大など五校の非常勤で日本史を教えた経験がある。

これらの大学（四年制・二年制）で最終試験の末尾の一問で、右のような質問をしたのであったが、学生の答えの多くが頭書のような内容であった。その表現の仕方はさまざまであるが、内容を要約すると「歴史は暗記力によって差が出る」など、筆者の期待を裏切るもので、がっくりしたものであった。

高校での歴史科目が受験本位であることは予測していたので、筆者は受験では問われないような身近な歴史を主題にして講義したのであったが、学生の先入観を修正するには至らなかった。

もう一つ気になったのは、学生が暗記している事柄が紋切《もんきり》型に終始していることである。

鎌倉時代のことを問うと、源頼朝・武家政治・征夷大将軍などと、一応の歴史用語の知識はあっても、それらは単なる用語であって、用語を結びつけて時代を説明することは不得手である。さらに、筆者を悩ませるのは、歴史は連続するものであり、変化するものであることを認識していないことである。

歴史学は「人類社会の過去における変遷の記録を学び、将来の方向を示唆する学問である」とは、筆者が学生時代に師事した大家の言である。

まずは、前半の「変遷の記録を学ぶ」ことが基本である。歴史の「歴」には変遷の意があり、「史」には記録の意がある。さらに出来れば、後半の「将来」をめざしたい。

現在の若者に、このような意識を持たせるよう、筆者は微力を注いできたのであったが、いまだその成果はわずかである。

本書が、その願いの一助になれば幸いである。

隼人から見た現代模様——目次

第一部

第二部

第三部

第一部

一章　「身分」と民衆と抵抗

教授との問答

学生時代の日本史ゼミで、しばしば注意されるのは、「用語が不適切」ということであった。当時は、外来語を使うのが一種の流行でもあったし、恰好よく聞こえてもいた。

たとえば、「ヘゲモニー」というドイツ語をよく使う学生がいた。すると教授が、「それは何という意味ですか」と、わざとらしく質問し、学生が「主導権という意味です」と答えると、教授が「その日本語では不都合ですか」と、さらに問い返したりしていた。

また、別の学生が「身分」という語を多用すると、「君は親から、学生の身分で、といわれたら、それにどう対応しますか」と詰問《きつもん》されていた。あらためて問われると、「身分」の語を的確に説明するのは容易ではない。

学生が答えに窮していると、教授が「身分は生涯不変のものです。君は生涯学生を続けるのですか」、と揶揄《やゆ》を込めながら、「身分」の語のもつ意味の一端を説明していた。筆者はこの問答を聞きながら、歴史的用語は、よく吟味して使用しなければならないことを、納得させられたように思っている。

このような問答の過程で、ふり返って歴史上の各時代で、生涯不変の身分の時代を、あらためて考えてみる必要に迫られた。

そうすると、まず浮かんでくるのは、律令《りつりょう》時代の農民である。当時は、一部の官人・貴族を除いては、ほとんどの人民は生まれながら農民である。そして、死ぬまで農民である。

当時の法律である律令には、とくに「農民」という区別はなく、すべての人に田地を支給することを規定して、つぎのように定めている。

凡《およ》そ口分田《くぶんでん》を給はんことは、男に二段《たん》、女は三分之一を減ぜよ。五年以下には給はざれ（下略）。

解釈すると、すべて口分田を支給することは、男には二段（約二三・八アール）、女はその三分の一を減らせ。五歳以下には支給せず、というのである。ここでは、性別と年齢には差があっても、人民を区別してはいない。

いっぽう、その田地に対する租税についても、口分田を支給された者は皆、すべて平等に負担することになっており、負担率の額においても、その差異はなかった。

このような律令の規定を見ると、とりわけ身分で区分する思考は一応は未発達で、無用であったと見えるようである。しいていえば、一部の奴婢《ぬひ》については、口分田の支給額を減らしているが、それについては別に考える必要があろう。

身分の制度化はいつ

江戸時代には士・農・工・商という身分制度があったことは、よく知られている。この時代の農民は、生まれたときから死ぬまで農民であり、まさに生涯不変であった。武士や他の身分も、それぞれ生涯不変であった。

しかし、それ以前の時代は、武士と農民はその時の状況によって、変化していた。ところが、豊臣秀吉が政権をとると、兵（武士）農（農民）を分離する政策を推進したのであった。秀吉政権の検地（太閤検地）と刀狩《かたながり》の二大施策がそれであった。

まず、検地である。秀吉は、全国を征服後、各大名の領地に検地奉行を送って、各田畑の石高《こくだか》（収穫高）とその耕作者、屋敷・山林・沼沢など、すべてを調査・記録し、村ごとに検地帳を作成した。その際に、全国的に統一した単位を定め（一歩《いちぶ》＝六尺三寸平方、一畝《せ》＝三十歩、一段《たん》＝十畝、一町＝十段）、各田畑の面積と地質による等級によって玄米収穫量を算出し、耕作者に二公一民を原則とした税を負担させた。

このようにして耕作者＝農民を固定するいっぽうで、農民が武器（刀・弓・槍・鉄

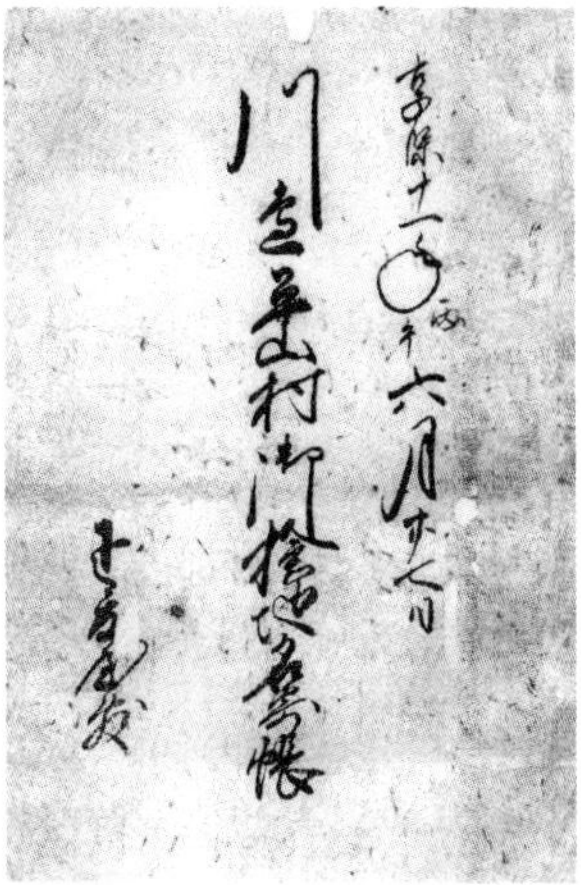

川辺郷平山村御検地名寄帳
（享保十一（一七二六）年）
（黎明館刊『薩摩七十七万石』より）

砲など）をもつことを禁じる刀狩令を発して、兵農分離による身分の固定をはかった。

ついで一五九一年（天正十九年）に、秀吉は人掃《ひとばらい》令を出し、さらに秀次が戸口調査を命じ、武士（兵）・町人・百姓の職業にもとづく身分を定めた。この一連の政策は江戸時代に引き継がれ、いわゆる士・農・工・商の身分制度が出来あがったのである。

したがって、日本史上で身分制度が明確に認められるのは、秀吉の政策が実施されるようになった時期以降であり、それが存続した江戸時代である。薩摩藩では江戸時代にも独自の検地を四回実施した。また、身分制度の解禁は、版籍奉還《はんせきほうかん》以後の、職業選択の自由、移住の自由が認められて、いわゆる四民平等の世になった明治初年以降である。

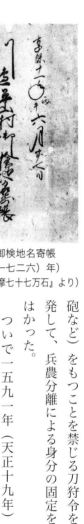

といっても、一八七二年（明治五年）の統一的な戸籍編成では、華族・士族・平民という族籍が用いられており、旧藩主と公家は華族に、旧藩士や幕臣は士族に、百姓・町人は平民というように、それぞれ新しい呼称が生じている。したがって、それらの呼称の解消には、さらに時間が必要であった。

政策に抵抗する人も

古代の律令制下の農民にしても、近世の身分制下の農民にしても、政権の強制する施策に対して、すべてが従順ではなかった。それぞれの時代に、施策に抵抗する人びとがいた。その姿を少し追ってみたい。

古代の律令制下の農民には、諸種の負担が課せられていた。まず、口分田一段につき稲二束《そく》二把《わ》の租《そ》が課せられた。これは収穫高（七二束）の約三パーセントであったから、大きな負担ではなかった。つぎに調《ちょう》・庸《よう》があった。調はそれぞれの地域の産物を定められた数量、庸は年間十日の労役の代りに麻布二丈六尺を課せられていた。

そのほかに、雑徭《ぞうよう》と称して、年間六十日間を限度に国司が人民を土木事業などに使役する労役、さらに兵役などが課せられていた（貴族・官人には免除規定も）。

これらの諸負担のうち、租は男・女共通であったが、それ以外はすべて男性に課せられていた。それも年齢によって差があった。というのは、正丁《せいてい》（二一～六十歳）は満額で、次丁《じてい》（六十一～六十五歳は正丁の二分の一）、少丁《しょうてい》（十七～二十歳は正丁の四分の一）、それぞれの年齢段階によって差額が設けられていた。

したがって、戸籍を偽って申告する者がしだいに増加し、平安初期の戸籍では、女性が人口の九十パーセント近くに達する例も見られた（偽籍《ぎせき》）。また、浮浪・逃亡など、現住所から行方をくらます者も出ている。

なかには、一家全員で逃亡する場合があり、律令には、それに対応する法も定められていた。すなわち、

凡《およ》そ、戸逃走せらば五保《ごほう》（近隣の五戸）をして追ひ訪ねしめよ。三周（三年）までに獲《え》ずは、帳（徴税台帳）から除け。其の地は公《おほやけ》に還せ。還さざらむ間は、五保および三等（三親等）以内の親（親族）、均分して佃《つく》り食《は》め。租・調は代りて輸《いだ》せ（下略）。

その条文を読んでいると、五保の制が後述する江戸時代の五人組のしくみと類似していることに気付かされよう。おそらくは、五保を参考にして五人組はできたのであろうが、そのことに言及している研究は、筆者の管見ではいままで二例しか見出されていない。

五保の制は、一見すると近隣の戸による相互扶助であるが、別の見方をすると、相互監視であり、それを怠ると連帯責任を負わされる事態が生じることにもなろう。

それにしても、八世紀初頭にできた律令が一戸をあげての逃亡を予測して、このような条文を設けていたことは、注目すべきである。

百姓一揆と打ちこわし

江戸時代の身分制度にもとづく圧政には、ときによって農民は百姓一揆《いっき》で、町人は打ちこわしで抵抗していた。

百姓一揆は、現在知られているところで、約三千七百件が起こっている。それも江戸時代のなかで時期によって増加し、またその性格が異なっていた。農民の反抗は過重な年貢賦課、村役人の不正などに対するものが多かったが、三大飢饉《ききん》といわれる享保《きょうほう》・天明・天保などの大凶作などが、一揆を激化させてもいる。

十七世紀後半では、代表越訴《おっそ》型一揆が見られる。この一揆は村の指導者である村役人が村民を代表して代官などの交代を要求して、その上位の領主などへ訴え出るものである。一揆の主謀者は処刑されたことから、代表の村役人は義民《ぎみん》として伝説的に語り伝えられている。下総《しもふさ》（千葉）の佐倉惣五郎《さくらそうごろう》、上野《こうずけ》（群馬）の磔茂左衛門《はりつけもざえもん》などがその例である。

中期から後期の十八世紀末から十九世紀の前半期にかけては、惣百姓《そうびゃくしょう》一揆が見られる。これは全村民による一揆で、村役人層に指導されて大規模になる。

さらに幕末から維新期になると、世直し一揆が見られる。これは貧民などが地主・村役人・豪商などを対象に、年貢減免・物価引き下げ・専売制廃止など多様な要求が見られ、社会変革的様相の民衆運動である。

打ちこわしは、都市で頻発するので、町人が主体になっているが、ときに農民も加わり、米商人や富商・金融業者などをおそい、金品を奪うほか、家屋・家財などを破壊した。

いずれにしても、一揆・打ちこわしの主謀者は厳罰が適用されて処刑されるので、主謀者層は、要求書に連署する場合、丸く放射状に署名する傘《からかさ》連判の方式で平等に一致団結する意思を示すと共に、主謀者を隠す工夫もしていた。

傘連判状の一例（常陸《ひたち》国）

以上は、一揆・打ちこわしの全国的動向であるが、薩摩藩領はどうであろうか。

一揆は全国的趨勢《すうせい》から、大小各藩で十数件は起こったと見るのが平均的件数であるが、大藩である薩摩藩では目立った一揆はほとんど見られない。なぜであろうか。その理由・背景について少し考えてみたい。

結論を先に述べると、そこには外城《とじょう》制という、薩摩藩独自の支配体制が大きく作用していたようである。外城制は、外部的には軍事的防衛体制であるが、内部に対しては農民抑圧体制であった。

外城制成立の背景や一因には、中世後半から末期に全国各地に起こった一向一揆に対処する方策がとられたことにあったと思われる。したがって、その延長上に江戸時代の百姓一揆対策がしかれていた、と見てよいであろう。

薩摩藩領では、一向宗禁制が、対キリシタン策とともに厳しい監視下にあった。そのため、領民の周辺には各地に武士居住地があり、村役人も武士であったから、農民は常に自由を拘束されていたのであった。したがって、一揆的動向も事前に抑圧されたのであった。

四民平等とその実態

明治維新により、江戸時代の士・農・工・商の封建的身分制度は撤廃され、四民平等となったという。これによって、すべての人に苗字《みょうじ》が許され、通婚、職業移転の自由が認められるようになった。

また、福沢諭吉の著書『学問のすゝめ』（全十七編）が各編二〇万部、全体で三四〇万部ともいうベストセラーになった。その中の一文「天は人の上に人を造ら

士族の商法　商品名には「有平党《あるへいとう》」（不平士族）・「困弊盗《こんぺいとう》」（窮乏士族）など、世相を風刺した表現が見られる

ず、人の下に人を造らずと云へり」との人間平等宣言が人びと間にもてはやされた。

しかし、そのいっぽうで族籍にもとづく、新しい身分編成が始まっていた。族籍は華族・士族・平民の区分である。華族は旧公卿《くぎょう》と旧大名を主とするが、のちに維新の功臣にも授与された。士族は旧幕臣と旧藩士で、平民は農・工・商の人びとであるが、のちにえた非人などの被差別民も平民とされた。（「新平民」と称された）。

一八七三年（明治六）の族籍別人口構成を見ると、約三千四百万人の全人口のうち、約九十三パーセントが平民で、約三千一一〇万人を占めていた。士族は約五・七パーセントで約一五五万人であった。華族は約二八〇〇人余であったが、特権的身分として貴族院（参議院の前身）の主要部を占め、帝国議会では衆議院と対等の権限を有していた。

士族は秩禄処分で、かつての俸禄が減額され、それも全廃されると、商業などに転じたが、「士族の商法」で多くが失敗している。それでも、「もと武士」としての実質のない「士族」の称号は社会的に通用したようで、当時の公立学校の諸書類を見ると、児童・生徒を「士族」「平民」と区分していたことが分る。このような区分は、明治末年まで行なわれていたようで、修業証書などにその呼称が用いられていた。

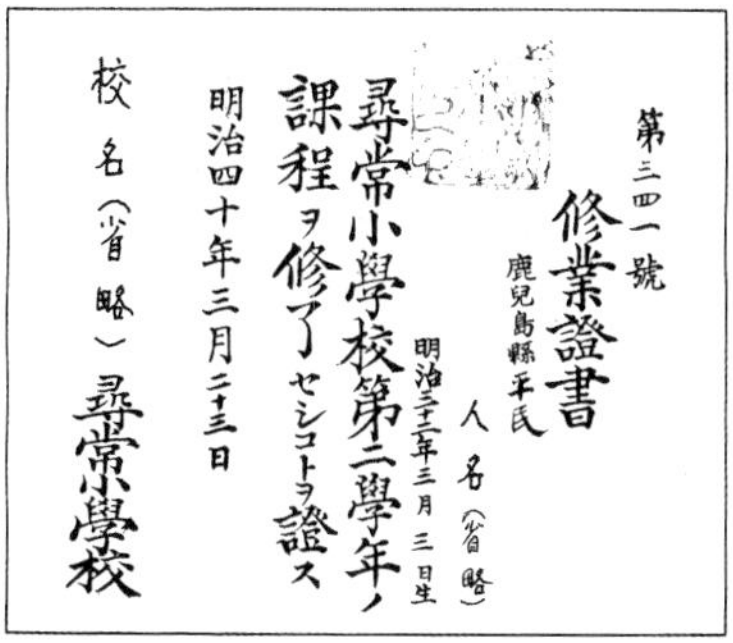
第二四一號

修業證書

鹿兒島縣平民　人名（省略）

明治三二年三月三日生

尋常小學校第二學年ノ課程ヲ修了セシコトヲ證ス

明治四十年三月二十三日

校名（省略）尋常小學校

明治 40 年の小学校の「修業證書」。
人名の右上に「平民」と記されている。

また、華族は経済的にも優遇されており、その一例として、支給された金禄公債の一人平均の支給額が六万五二七円であり、この支給額は士族のなかでも上・中士層に属する一人平均の一千六二八円の約三七倍に当たり、種々の分野へ投資することが可能であった。

華族銀行といわれた第十五国立銀行は、その投資によって経営されていた。その預金利子は年五分であったから、それだけでもかなりの金額であった。この華族制度はアジア太平洋戦争後の一九四七年になって、ようやく廃止されている。

このような一部の状況からみても、明治維新期の「四民平等」の実態の一面が見えてくるようである。

小作人と争議の増加

薩摩藩領の農民が、他藩領の場合とは違って、為政者や上層部に対して反抗することがほとんどなかったことを、百姓一揆を例として見た。それは明治時代になっても同じことが言えそうである。

明治以後は、藩は消滅したが、農民の多くは小作人として、地主のもとで江戸時代と変わらぬような生活を強いられていた。その小作農たちが増加し、地主に対して、ようやく抵抗を示すようになるのは大正時代であった。それも大正時代の半ばから末年にかけての時期であった。

それ以前の明治三十年代に、鹿児島湾奥部の大穴持《おおなもち》神社前面干潟の新田開発によって出現した国分の小村《こむら》新田の小作農民による小作料上昇提示に反対する動きがあった

年次	自作小作人員 自作	自作兼小作	小作	計
明治一一年	一二一、二五二人	一七八、二一七人	三五、六〇七人	三三六、〇七六人
〃一四年	一一六、二五三	一八五、二八七	三六、七二九	三四八、二六九
〃一六年	二二〇、九二五	二七〇、七五八	六五、二五七	五五六、九四〇
〃二〇年	三三一、七二二	三一四、三六六	六〇、九九二	七〇七、〇八〇
〃二三年	三二八、四一四	三九三、七二九	六七、五七二	七八九、七一五
〃二六年	三五二、六五四	四〇六、一九四	八八、二四一	八四七、〇八九
〃二九年	三二六、〇九六	三七〇、三五〇	八〇、六九四	七七七、一四〇
〃三二年	三二五、五五三	三七一、八五九	八三、七八九	七八一、二一一
〃三五年	三二〇、一一六	三六九、八八八	九五、九四二	七八五、九四六
〃三八年	二九七、五七六	三六六、八三四	一〇一、四六二	七六五、八七二
〃四一年	二九三、二八四	三六九、四四八	一〇六、六八三	七六九、四一五
〃四四年	二六四、八〇七	三六七、七四四	一一〇、八四三	七四三、三九四
大正三年	二七〇、五三六	三六九、二一三	一〇九、四〇三	七四九、一五二
〃六年	二七二、三二六	三七六、九二一	一二〇、七七七	七七〇、〇二四
〃九年	二七二、三三六	三六三、七二〇	一二九、三四四	七六五、四〇〇
〃一二年	二六〇、一四九	三六九、七〇九	一二六、一九六	七五六、〇五四
〃一五年 昭和元年	七五、五四三戸	一〇〇、五三三戸	三二、九五六戸	二〇九、〇三二戸
〃四年	七八、五八三	九八、七七三	三五、八七五	二一三、二三一
〃七年	七八、七二五	一〇〇、一七一	三九、八二一	二一八、七一七
〃一〇年	七八、九六八	一〇〇、九五二	三九、二三五	二一九、一五五

（『鹿児島県史』別巻より）

明治四十年（清水村村是）

	自作農	自・小作	小作農	合計
村戸数	一三六	五八三	二八一	一〇〇〇
村%	一三・六	八五・三	二八・一	一〇〇
県%	三八・九	四七・九	一三・二	一〇〇

（県資料は割合で提示。明治三十八年度）

昭和十年（東襲山村史）

	自作農	自・小作	小作農	合計
村戸数	三四一	四七二	六七六	一四八九
村%	二二・九	三一・七	四五・四	一〇〇
県%	三六・〇	四六・一	一七・九	一〇〇

＊分村前の霧島町も含む。（県の割合は昭和十年）

昭和五年（東国分村郷土資料）

	自作農	自・小作	小作農	合計
村戸数	二四一	五四五	三四七	一一三三
村%	二一・三	四八・一	三〇・六	一〇〇
県%	三六・九	四六・三	一六・八	一〇〇

（県資料は割合で提示。昭和四年度）

三か村の小作農割合（『国分郷土誌』より）

が、それは塩気の抜けない耕地という特殊な条件のもとでの場合であり、その運動の波及も見られなかった。

いわゆる小作争議として、組織的動向が顕著になるのは、大正十三年（一九二四）の国分・清水《きよみず》・東襲山《そのやま》三か村の小作人による小作料軽減要求であった。

三か村は小作組合を組織し、地域として姶良郡小作農組合連合会を結成し、日本農民組合に加盟した。三か村の小作人一千四十九名、その対象地主二百六十二名、関係田畑五百九十二町であったという。

この農民運動を指導したのは浜田仁左衛門と冨吉栄二《とみよしえいじ》であった。浜田は国分麓の郷士出身で、妻の亀鶴《かつ》とともに堺利彦の社会主義同盟の創立メンバーであった。また、山川均《ひとし》とは同志社の同期生であった。

その浜田が帰郷後、農村の青年や七高の学生らを集め、社会改良をめざしたが、その中に、国分の自作農冨吉もいた。冨吉は国分精華学校（国分中央高校の前身）で教師をしていたが、小作農の生徒が学費が払えず、欠席したり、退学する現状を見て、教師を辞し、農民運動に取り組んだ。

さきの、国分・清水・東襲山の小作組合、そして姶良郡小作農組合連合会の結成、さらには日本農民組合への加盟などは、浜田・冨吉らの指導によるものであり、やがて冨吉がその中心的活動をするようになった。

　このような、小作農の組織化は県下では最初の取り組みであり、そして一九二七年（昭和二）の県会議員の選挙では冨吉栄二が当選し、二年後の清水村村会議員の選挙では、当選議員の半数以上を小作人が占めるという状況を呈した（芳即正編『鹿児島県民の百年』）。その後、冨吉は一九三六年（昭和十一）には衆議院議員になり、戦後まで活躍したが、一九五四年（昭和二九年）に青函連絡船洞爺《とうや》丸で遭難死している。


　筆者は、古代以来の県下の歴史を概観すると、旧国分市一帯の農民・民衆はかつて七二〇年（養老四年）の「隼人の抗戦」で国司の圧政に抵抗して、一年数か月にわたって抗争したのであったが、近代でも、小作争議でまた立ち上がり、この地域には覚醒的エネルギーが秘められているように思うことがある。

　思い起こせば、クマソの伝承地もこの一帯であった。曽之峰《そのみね》といわれる霧島山系の、時ならぬ噴火のように、この地域の住民は正義感が強く、燃え上がる気質の持ち主なのであろうか。

二章　チンチン大箱が走る

最初の電車は谷山から

明治から大正に元号が変った大正元年（一九一二）十二月一日、鹿児島に路面電車が走った。その最初は、谷山と武之橋の間六・四キロで、当初は木製車両七両であった。

なぜ、谷山と武之橋の間なのか、当時の市街地から考えると、郊外であり片田舎《かたいなか》ではないか。そこで、筆者は思った。おそらく電車路線の用地確保が、比較的容易ではなかったか。同時に、甲突川を渡る路線の架橋に時間がかかったのではないだろうか

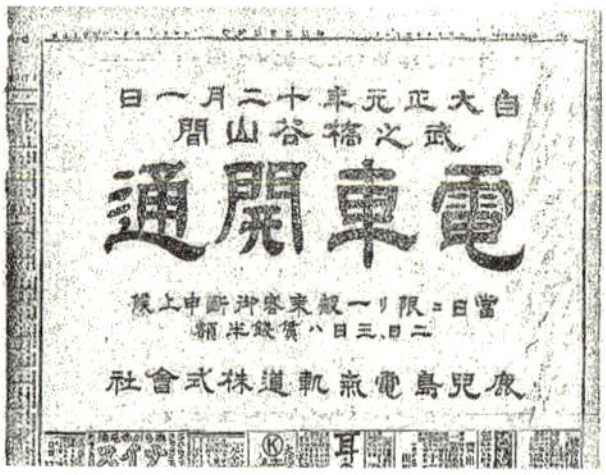

自大正元年十二月一日
武之橋谷山間
電車開通
當日ニ限リ一般乗客御斷申上候
二日、三日ハ賃銭半額
鹿児島電氣軌道株式會社

電車開通日の新聞広告
（鹿児島実業新聞）

第一号電車（谷山電停）

と。

いっぽうで、鹿児島の市街地では、どこに路線を持ってくるかで、路線候補地の地主との交渉が難航したのであろう、と。このような筆者の想像は、ほぼ当たっていたようである。

この電車軌道敷設を企画したのは、民間の人びとを中心にしていた。会社名を鹿児島電気軌道株式会社とし、資本金一〇〇万円で設立して創業したのであった。

そして、商業活動に有益であろうと、電車軌道の敷設を計画した路線の一つが広《ひろ》馬場であった。現在の山形屋前の電車通りより一筋東側（海岸側）の通りである。その名のように道路幅が広く、銀行や商社が軒をつらねた通りであった。

鹿児島銀行の旧館の正面も、じつは広馬場側にあったから、現在の建物の正面からすると裏側にあたる場所である。その例が示すように広馬場は、鹿児島の商業・経済活動の中心的位置にあった。

そこに電車を通そうという計画であったが、その計画に多くの事業主が反対であった。ところが、山形屋社長の岩元新兵衛は、当時は小路に面していた山形屋の前に、電車路線を敷設することに積極的で、それにともなう道路拡張などの必要経費を負担することを申し入れ、難航していた中心街への電車乗り入れが、大きく進展したのであった。いっぽうで、広馬場通りはその後、裏通りになって衰微していくのであった。

最初の路線であった谷山・武之橋間では、乗客が少なく、経営困難であった電車も、二年半後の大正三年七月には天文館へ、同年十二月には鹿児島駅まで延び、翌四年十二月には高見馬場から武駅《たけ》（現・中央駅）まで通じ、その後、草牟田・伊敷へと路線が延長されていった。その電車事業を、やがて鹿児島市が買収することになった。

電車の軌道が一応整備された段階で、鹿児島市は内密に買収の調査を進めたが、

年度＼区分	乗車人員単位（1000人）	乗車料収入	一日平均	
			乗車人員	乗車収入
大正元年	43	円 3,594	—	—
2〃	468	59,473	1,283	163
5〃	1,885	71,016	5,165	195
10〃	9,554	558,974	26,176	1,531
14〃	10,418	582,834	27,902	1,597
昭和 2〃	11,975	657,161	29,946	1,656

電車乗車人員および乗車収入

買収価格の折衝などで、軌道会社と市側の両者ともに、一度ではまとまらず、昭和三年（一九二八）になってようやく市電として誕生している。

その間の「電車乗車人員および乗車料収入」の変化を示すと、別表のようである。また、市電になってから以後の状況も表示してみた（いずれも『鹿児島市史』による）。これらの統計からもうかがえるように、市はその経営に一応の見込みを得たのであろう。

市民が、「大きな木箱が街を走る」と形容したように、電車路線の拡大と大量輸送は、市民に利便をもたらした。それ以前に、乗合馬車や乗合自動車があったが、それぞれに短所があった。

乗合馬車は明治二十年代から、郊外・郡部への利用が主で、西千石駐車場から、川内・米之津方面に、新屋敷駐車場から、谷山・指宿方面と伊作《いざく》方面に、また竪《たて》馬場駐車場から重富・蒲生方面にそれぞれ走っていたが、乗車人員と手回《てまわ》り荷物に制限があり、その回数も少なかった。

いっぽう、乗合自動車は明治三十年代から鹿児島・谷山間に六人乗りで運行したが、動力が弱く、武之橋を渡るときは、乗客が降りて後から押していたこともあった。このような状況であったから、経営不振で採算がとれないことが多く、腐心《ふしん》していた。その点、電車は便利であった。しかし、市民には「ぜいたく感」のこだわりがつきまとい、乗車しても片道だけで辛抱する風潮があったという。

ふり返る乗車体験

昭和二十年代の後半、筆者は電車通学をしていた。自宅は竪《たて》馬場通りの近くにあったので、「鹿児島駅前」の電停から「谷山」電停まで、約一時間を毎日往復していた。ときには、「竪馬場」か「長田町」の電停から乗車することもあり、この路線は「市役所前」で、「鹿児島駅前」から来る路線に合流していた。

すでに、市電になってから二十数年経過していたが、いまふり返ると、筆者が利用したのは六十年以上前のことであるから、その間に変化したことも多く、その変遷をたどりながら、路線の歴史を述べてみたい。

「鹿児島駅前」まで路線が延伸されたのは、大正三年（一九一四）十二月のことであった。鹿児島駅は、肥薩線（当時は「鹿児島本線」）の駅として、明治三四年（一九〇一）六月に列車が登場していたので、駅に接しての電車停留所の設置は、市民の強い要望であった。鹿児島駅は、ＳＬ列車の発着駅として市内では最初に設置されたので、市民にとっては重要な駅として利用されていたはずである。

なお、筆者が通学のため乗車していた「鹿児島駅前」の停留所からは「谷山」行きの直行便があり、途中で乗り換えの必要がなかったからであり、列車の発着とは関係なかった。あとで思うと、筆者が毎日往復していた路線は、当時の市電の路線としては最長ではなかったかと推測している。

ただし、脇田・谷山間は市外であったから、市外料金を別に徴収されていた記憶がある。この点については、市交通局に確かめたところ、当時の市内の乗車料金は七円均一であったが、脇田以遠の市外料金は二円を徴収していたとのことであった。この市外料金は、谷山市が鹿児島市に合併した昭和四二年（一九六七）まで続いていたという。

ところで、筆者が利用していた「鹿児島駅前」と「谷山」の路線も、時期によって停留所の名称などにも変化があり、その変化によって、各時期の歴史がうかがえるので、そのいくつかを取りあげてみたい。

まず、現在の「水族館口」付近に、「新橋跡」あるいは「高野山通」の停留所があった。新橋とは、旧県庁敷地と長田中学校敷地との間にあった運河にかかっていた橋であっ

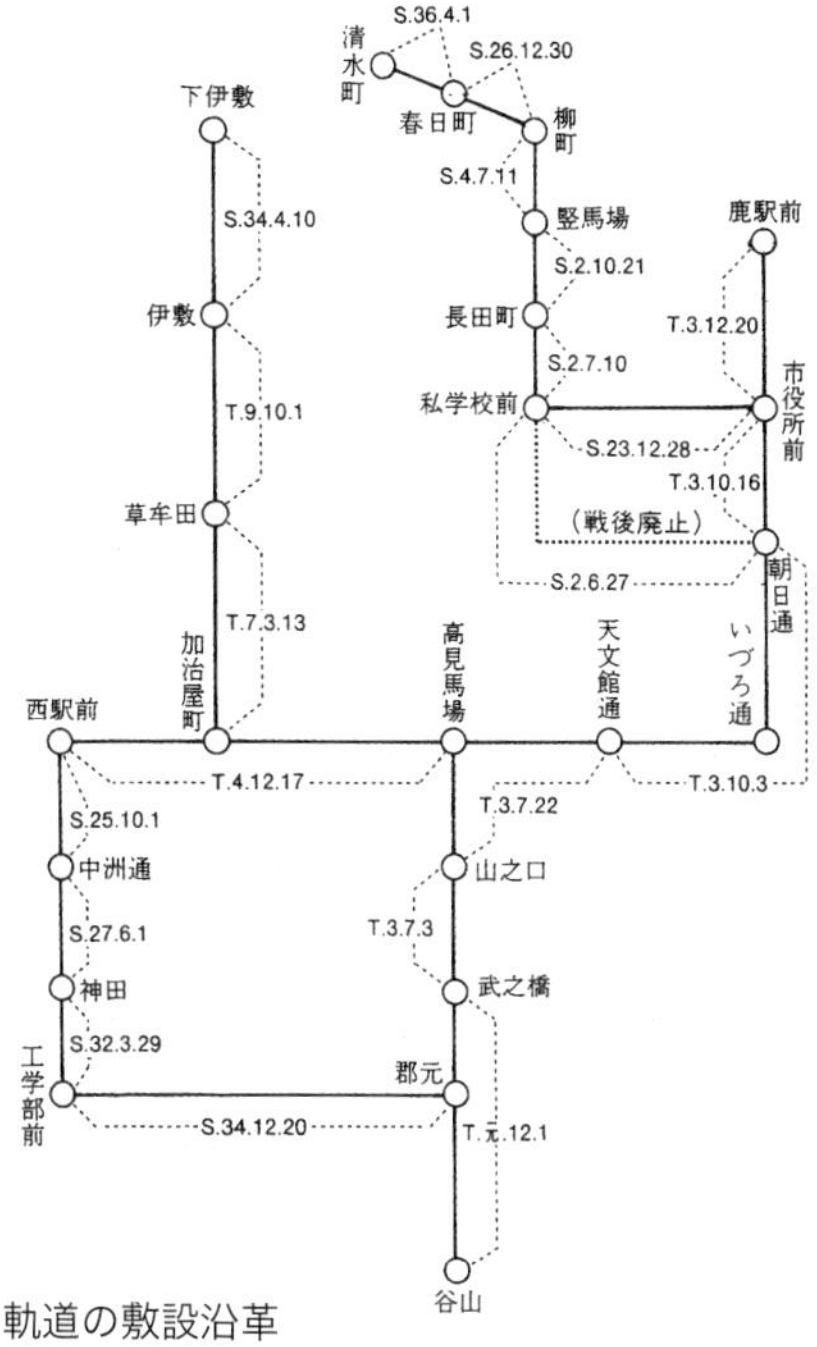

軌道の敷設沿革
芳即正編「鹿児島県民の百年」より

た。運河といっても、上流は岩崎谷であるからもともと川の流れがあったとみられ、現在の長田中学校の敷地には琉球館があって、諸物資を船で搬入する必要から、琉球館までは川幅を広げて運河にしたものとみられる。

そこにかけられていた新橋は、東側から城下に入る旅人を、ここに番所を置いて取り調べていたようである。十八世紀前半のことを記した『三国名勝図会』には、つぎのように記されている。

新橋府城の東北　坂本村に屬す、府下潮浸《チヤウシン》の壕《ホリ》に架す、扶欄《ランカン》橋にて、褐銅《カラカネ》の護朽《ギボウシ》に、慶長十七年壬子、六月吉日と銘す、此橋と西田橋、府下南北の要口なり。

この記述からみると、西側から城下に入る旅人を取り調べる西田橋と対比される重要な関門とされていたようである。また、擬宝珠《ぎぼし》の銘文にある慶長十七年（一六一二）の銘は、鹿児島が城下町として整備される初期の段階であり、西田橋の擬宝珠の年記の銘と一致している。なお、高野山は、この運河の上流、岩崎谷近くに現存しているので、この運河の筋を「高野山通《どおり》」とも呼んでいたことが知られる。

しかしながら、高野山という名称をもつ寺院が江戸時代に鹿児島に存在したか、については筆者はいまだに確証を得ていない。真言宗の寺院としては、大乗院が著名であり、藩内では福昌寺（曹洞宗）についで第二位の寺禄（九二〇石）を領しており、宗勢も強大であった。また、紀州にある本山の高野山奥の院には島津義弘が建立した「敵味方供養塔」もあり、藩主の尊崇も篤く、島津氏とのゆかり深い宗派であった。

したがって、廃仏毀釈後、真言宗の復興を計る有志によって、現在地に再建されたのではないかと推測している。しかし、現在はその存在を知る市民は多くはないように思われる。

電車転落（鶴丸城の堀）

いっぽう筆者は、ときに「竪馬場」や「長田町」から乗車することがあったが、この路線は「岩崎谷」では高架になっており、高野山寺院を下に見おろすように走っていた。また、そこは桜島を遠望するのに恰好《かっこう》の場所でもあった。

この路線は、宝暦治水で知られた薩摩義士碑の前をぬけて、鶴丸城の堀端を通り、「市役所前」に出ていた。したがって、市内の電車路線のなかでも人気があったようである。そのような景観に見とれたのか、運転手がブレーキをかけ忘れたのか、堀の中に電車が落ちたことがあったのを、かすかに覚えている。

武之橋から谷山へ

市役所を過ぎると、山形屋（朝日通り）・いづろ通り・天文館通・高見馬場を通り、武之橋へと、現在の路線とほとんど変わらない。ただ、武之橋と交通局（二中通）の間の路線は、現在の路線より少し西側にあり、路線の東側は広い道路であった、と聞いているが、筆者には「そういわれれば」ぐらいの記憶しか残っていない。

それよりも、「鴨池」電停が高架の上にあり、乗降するのに階段を昇り降りしていたことである。線路の下は動物園・遊園地であったから、そのようすを往復の車中から眺めながら通過したものであった。

動物園までは、ときとして小学生・幼稚園の子どもの遠足で賑やかであったが、郡元から先は閑散としていた。それでも「南鹿児島駅」の電停の名称は「競馬場前」と呼ばれていたように、海岸側に競馬場があったから、その開催日にはいくらか乗客が多かったように思う。

この路線は、一番最初に敷設されたのであったが、前述したように当初は乗客が少なかったので、会社は乗客集めにいろいろ腐心したようで、二軒茶屋に遊園地を造って、乗客の増加をはかったようである。

では、実際にどれくらいの運賃だったのであろうか。谷山・武之橋間は六・四キロであった。この六・四キロを六区間に分け、一区間を二銭としたので、六区間なら十二銭。これに通行税一銭を加算し、計十三銭だったという。当時の会社員の初任日給が十銭であったから、日給で片道も乗れなかった。十銭あれば米一升（一・五キロ）が買えたというから、一般人の乗車は、まず無理である。

そこで考え出したのが、遊園地を造って、家族連れで呼び込むことであった。しかし、当時の人びとは一里（四キロ）ぐらい歩くのは、日常茶飯事《さはんじ》のことであったから、武之橋から二軒茶屋間、あるいは谷山・二軒茶屋間を歩くのは当たり前で、遊園地に行くために電車に乗ることは少なかったらしい。

そこで、会社側も一案を考えて、鹿児島の人が容易に行くことの出来ない、「日光東照宮」の模型を遊園地に造って客を集めたりしたという。さらには、動物園も併設したが、昭和初年の金融恐慌《きょうこう》、ついで世界恐慌に巻き込まれ、不景気のあおりで会社は経営が悪化、昭和三年（一九二八）には、電車事業と遊園地などを鹿児島市に売却している。

売却価は約五百万円で、以後は鹿児島市営となる。それ以前に、動物園などは鴨池に移されており、動物園は線路の海岸側を主とし、山手側には大規模な庭園が造られるなど、南九州随一の一大行楽地となっていった。

戦前の昭和十五年（一九四〇）ごろには、動物の数もふえ、一〇〇種、七〇〇匹ぐらいになったという。しかし、戦争が激化するきざしが見えはじめると、猛禽類から処分されることになり、減少しはじめたらしい。

筆者が電車通学を始めた時期は、動物園・遊園地その他の施設の復興期にあたっていた。市電も戦火で大半を失ったが、徐々にその台数がふえ、路線も復旧しつつあった。

また、種々の博覧会が催され、遊園地がその場所として利用されていた。その催し物のポスターが市内各所に貼り出され、人びとの関心を集めていた。なかでも、昭和二五年（一九五〇）の「九州ステートフェア」では、公園内の大きな池にウォーターシュートが上方から滑り下る仕掛けの乗り物が人気を呼び、歓声があがっていた。筆者もそれを見た記憶がある。

また、野外劇場の舞台の前は、高架を走る電車から多くの観客の姿が見え、戦前のにぎわいを取り戻しつつあった。いっぽうで、数をへらした動物もしだいにふえていたが、二頭の象がタイから到着したときは、電車も満員で、とりわけ子どもたちの声がにぎやかであった。昭和二六年のことだったと思っているが、この年には巨大台風（ルース台風）にも襲われ、その記憶と重なっている。

すでに述べたように、脇田から谷山までは市外料金を徴収されたが、線路も単線であったから、本数は少なかった。また、終点の谷山では、方向転換するため、パンタグラフの役割をするポール状の電力導入装置の方向を車掌が転回させていた。

当時は、靴の購入が困難であったため、多くの生徒が高下駄を履いて通学していたのも、なつかしい思い出である。

線路の延伸と廃線

昭和二十年代の末からは、長距離の電車に乗る機会は少なくなったが、その間に電車路線はかなり延伸されている。

まず、「西鹿児島駅（現・鹿児島中央駅）前」と「郡元」間が延伸されている。この区間の一部（「神田」）は開通していたが、それより先の「工学部前」と「郡元」間の工事に約七年半を要している。

つぎに「上町線《かんまち》」の「竪馬場」から「柳町」・「春日町」・「清水町」までの間の工事に約十年要している。この路線は、いまの国道十号と重なっていたため、やがて交通量が増加すると廃線になったため、忘れられてしまったようである。

廃線といえば、筆者も知らない路線がある。それは「朝日通り」から西郷銅像前を通り、鶴丸城前から私学校前に抜け、岩崎谷に通じる路線であったが、戦後廃止され、私学校前から「市役所前」への路線に変更したものである。

なお、伊敷線では「伊敷」までは大正時代に敷設されていた。これは、伊敷に四五

「清水町」電停　(昭和50年ごろ　国道10号線の中央)

連隊の兵営があったので、早期に完成したのであろうが、それから先の「下伊敷」までは昭和三四年(一九五九)になって開通している。

路線の延伸は、経営的にも困難を伴ったようで、昭和四四年に「全線均一制」を採用してから以後は、毎年のように運賃を改定している。四〇年代に六回改定し、全線四〇円になっている。

昭和四〇年当初は二〇円であったから、二倍になったことになるが、五〇年には六十円、五三年には一〇〇円になっているから、改定幅が急速に上昇している。しかし、以後の改定は緩やかで、昭和五七年に一三〇円、六〇年に一五〇円となり、五年後の平成二年に一六〇円となって以後は、二四年間据え置かれ、平成二六年に一七〇円に改定されて現在にいたっている。
その間には、運賃の上昇による乗客離れがあり、自家用車の増加や交通局の赤字の増幅など、経営上の諸苦難が市当局から語られている。

電車路線の延伸は、都市の発展を示す目安であり、記念物であったが、路線によっては延伸に対して苦情が出たり、ときに抗議の対象となったりしている。その代表的例が、いまは廃線となっている西郷隆盛銅像前を通る路線であった。
この路線は、鶴丸城前（館《やかた》馬場）を通るため、堀を埋めるのではないかとか、学校（現・名山小敷地や旧・七高敷地）に騒音をもたらすなどの苦情が出ていた。さらに西郷銅像が立てられると（一九三七年）、「その前を横切るとは」偉人を軽視する暴挙などの抗議が起こり、早くから廃線論がくすぶっていた。それらが、戦後の廃線にもつながったようである。

現在の市電は、鹿児島電気軌道株式会社の時代から多くの変遷を経てきたが、ほとんど唯一変化しないものがあった。
それは石造の変電所であり、大正元年(一九一二)
以来一〇〇年以上を経過している。
交通局は平成二七年に上荒田に移転したが、それ
以後も旧敷地内に残って機能している。

新武之橋変電所
ただし、旧変電所の位置からは移築し、でき
るだけ使用できる石材を外壁に利用したため、
いくらか変形したものの、旧変電所の姿をとど
め、旧敷地内で「新武之橋変電所」として整備
されている。

新変電所は現在も「武之橋」電停からよく見
える場所にあり、その姿をじっくりと眺めるこ
とができる。

(資料の一部は「鹿児島市交通局資料展示室」より
引用)

三章　稲作にあえぐ人びと

強制される班田制

南部九州にいまだ国ができていない六八一年八月のことであった。種子島に派遣されていた中央政権の使者が、二年近くかかって帰国し、つぎのように産物の報告をしている。「粳米《うるち》は常に豊かである。一度植えれば二度収穫できます」と。

粳米とは糯米《もち》に対する米の種類で、常食している米である。その米が豊かで一年に二度取れるというのであるから、政権中枢の天武大王以下上層部を喜ばしたことはまちがいないであろう。

　種子島とともに南島九州への勢力伸張を急ぎ、できれば南島をも領域化することに意欲を燃やしたようすが、目に見えるようである。

　以後、六八二年には大隅・阿多の両隼人が朝貢したのをはじめ、種子島・屋久島・奄美大島などからの来朝記事が続いている。そして七〇二年には薩摩・多褹《たね》（種子島・屋久島）両国が成立している。また、少し遅れて七一三年に大隅国も成立している。


　しかし、政権が期待した班田制の施行は容易には進まなかった。班田制による田地の収授は、男女とも六歳以上の者には男に二段《たん》（一段は約十一・九アール）、女にはその三分の二の田地を与え、それぞれ収穫高の約三パーセントの租《そ》（税）を納めさせる。死後は、その田地を返納させるのが基本である。

　その前提として、各戸ごとに戸籍を造り、また計帳（諸税徴収台帳）を作成して、人民を把握する必要があった。その作業を経て、支給する田地を確保して、ようやく班田は実施されることになる。

ところが、大隅・薩摩両国の班田は、七三〇年になっても停滞していることが、大宰府から政府へ報告されている。それによると、一部の百姓は田地を所有しているが、それらすべて墾田《こんでん》であり、開墾地を父祖の代より受け継いで耕作しているものである。「いまさら改めることを願ってはいない。もし、班田収授に従うようなことになれば、おそらく喧訴《けんそ》（けんかや訴えごと）が多発することになろう」というのである。

この報告を受けて政府は、「旧来のまま」として、墾田の没収を見送っている。この大宰府の報告内容から推察されるところは、大隅・薩摩両国では班田制採用に見合うだけの田地が、いまだ不足しているということであろう。

古代の戸籍と計帳

日本の歴史のなかで人民の戸籍が造られたのは、古代と近代（明治以後）だけである。古代でも七世紀末から八世紀を中心とした時期が盛んで、九世紀の平安時代になると、この制度はしだいに衰えてくる。

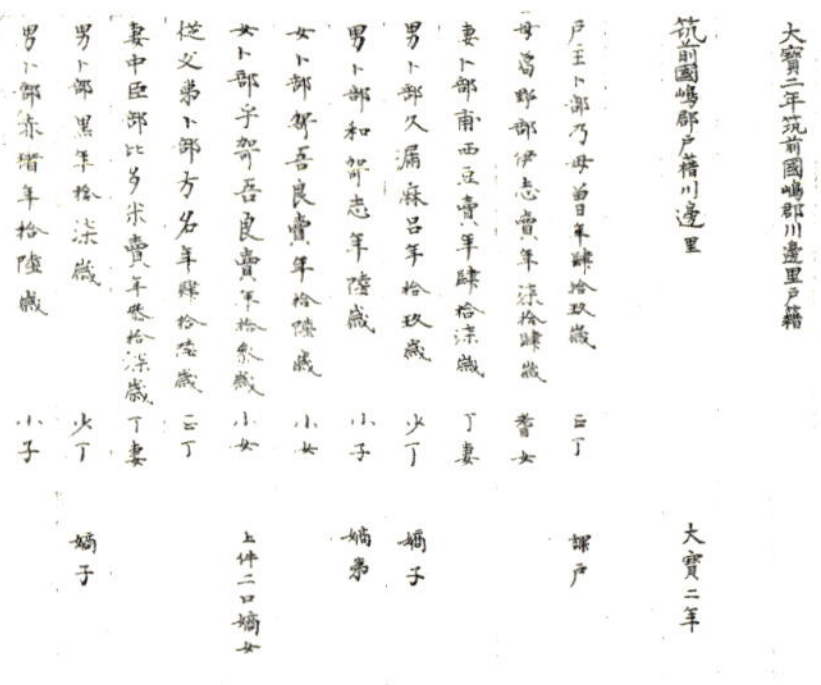

大寶二年筑前國嶋郡川邊里戸籍
筑前國嶋郡戸籍川邊里　大寶二年
戸主卜部乃母曽年肆拾玖歳　正丁　課戸
母葛野部伊志賣年漆拾肆歳　耆女
妻卜部甫西豆賣年肆拾漆歳　丁妻
男卜部久漏麻呂年拾玖歳　少丁　嫡子
男卜部和哥志年陸歳　小子　嫡弟
女卜部哿吾良賣年拾陸歳　小女
女卜部乎哿吾良賣年拾參歳　小女　上件二口嫡女
従父弟卜部方名年肆拾捌歳　正丁
妻中臣部比多米賣年參拾漆歳　丁妻
男卜部黒年拾漆歳　少丁　嫡子
男卜部赤猪年拾陸歳　小子

筑前国の戸籍（正倉院文書）の１例

戸籍制度の衰退は、班田制の実施と対応しているので、班田制もこの時期から遅滞するようになっていく。その戸籍の一部が、正倉院の文書として残存しているが、それは東大寺が朝廷から払い下げられて裏紙を利用したもので、断簡文書としてたまたま伝存したものである。

それでも、断片ながら古代の家族構成の一端をのぞき見ることができるので、貴重な史料である。その一部を紹介すると、大宝二年（七〇二）の筑前国（福岡県）嶋《しま》郡の大領《だいりょう》（郡長）、肥君猪《ひのきみのい》手《て》を戸主とする大家族の戸籍が残っており、地方豪族の家族構成の一例を知ることができる。

肥君猪手の戸は、戸口《ここう》（家族）一二四人の超大家族で、当時の一家族が平均二五人で構成されていることから見て、きわめて多人数の構成である。まず、戸主の猪手は当時五三歳であったが、妻のほか妾《めかけ》が三人おり、男《むすこ》が八人、女《むすめ》が四人、そのほか婦《よめ》・

孫がおり、さらには奴婢《ぬひ》が三七人いる。
奴婢が多い例では、美濃《みの》国（岐阜県）の国造《くにのみやつこ》大庭《おおにわ》の戸では戸口九六人のうち奴婢は五九人もいた。といっても、一般の戸では奴婢は少なく、下総《しもふさ》国大島郷（現在は東京都に編入）の戸籍から奴婢を抽出すると、五〇戸約一二〇〇人のうち奴婢はわずか九人である。なお、奴婢にも良民男女それぞれの、三分の一の田地が班給されていた。

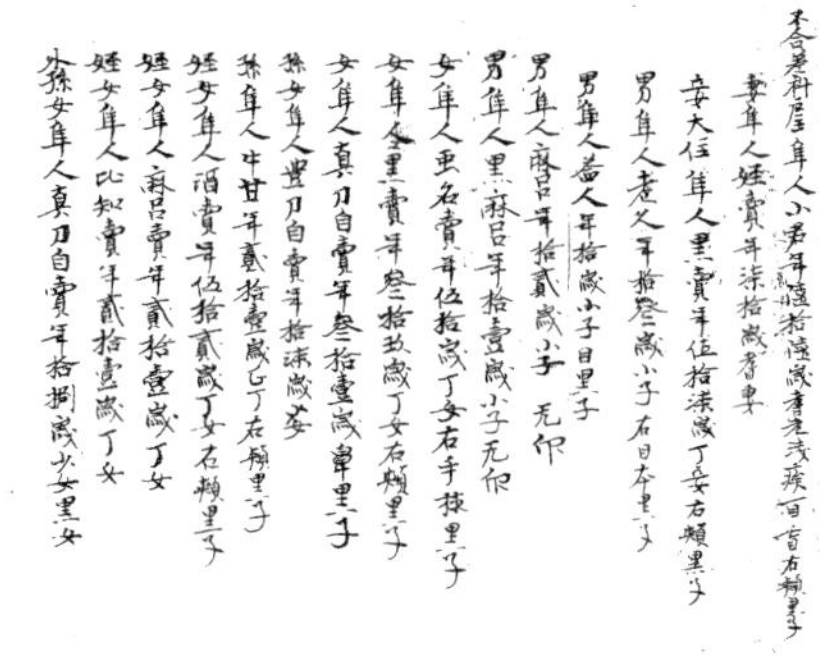

移住隼人の計帳（正倉院文書）

隼人の家族の場合はどうであろうか。南部九州の現地において、隼人がどのような家族を構成していたのか、その実態を知りたいのであるが、残念ながらそれを知る手がかりとなる史料は伝存していない。

ただ、隼人の一部は畿内に移住させられていたが、その移住先における家族構成を知るわずかな手がかりがある。それは「山背《やましろ》国隼人計帳」と呼ばれている正倉院文書である。

この文書は、現在の京都府京田辺市《きょうたなべ》の大住《おおすみ》地区に移住させられた隼人の徴税台帳で、戸主以下戸口の人名や年齢が記されている。ただし、この文書も断簡で、ごく一部の家族しか知ることができない（五戸程度）。

それでも、わずかな例から分かる内容をあげてみよう。

まず、約五戸の戸口数は先掲の平均的戸口より、やゝ少なめであるが、この戸数で隼人の家族構成の概要を推察することは早計であろう。戸主には妻の他に妾をもつ一戸がある。また、婢一人を有する戸もわずかに一戸ある。

なお、この計帳は天平七、八年（七三五、六年）ごろの作成とみられ、この地への移住が天武朝ごろと仮定すると、移住後いまだ五十年余りしか経ていない時期である。

班田収授の実態

律令制のもとでの班田は、六歳以上の男女に口分田《くぶんでん》が班給されるのであるが、それは教科書で教わるほどには単純でない。

まず、男に二段、女にその三分の二が支給される、と説明されるが、それは地域にそれに対応する田地が存在することが前提である。ところが現実には、その前提が満たされていない地域も少なからずあったようである。

したがって、田地が十分に存在している地域は「寛郷《かんごう》」とし、不足している地域は「狭郷《きょう》」として、それぞれの状況に応じて配分することを認めている。また、支給された田地の地味が肥えて作物がよくできるか、そうでないかの肥沃《ひよく》の度合も重要である。

その肥沃度を四段階に区分している。上田《じょうでん》・中田・下田《げでん》・下々田《げげ》がその区分であるが、一般人民の多くの場合、口分田は下田か下々田であったとみられている。さらには「易田《やくでん》」と呼ばれる田地は、土地が痩《や》せていて一年おきにしか耕作できない田地であり、この場合だけは、面積を二倍にして支給することになっていた。

いずれにしても、支給された口分田は、その面積と肥沃度によって格差があり、一様ではなかった。このような班田制の実情を念頭において、それぞれの地域の人民の生活を考える必要があろう。

隼人の地域はどうであろうか。

水田・畑を問わず、耕作地の肥沃度はよくなかったと推察できよう。その原因は、地域の大半は火山噴出物でおおわれているからである。南部九州の火山噴火の歴史は、この地域に人類が住み始める以前に逆のぼり、また火山の分布も広域にわたっている。

したがって、この地域に生活した人びとは、火山と共生してきたのであった。火山噴出物は概して無機質で、肥料分はほとんど含まれていない。そのような土地で耕作しても、生産性は低く、そのうえ水田のように保水力が必要な耕作地を確保することは困難であった。

それでも、律令国家はこの地域に班田制にもとづく耕作と税制を強制したのであった。その結果、延暦十九年（八〇〇）になって、ようやく班田制の導入にこぎつけるのであった。

しかし、蝗害《こうがい》（いなごによる被害）をはじめ、大風などで凶作が連続するありさまであった。筆者が推測するところ、下々田の耕作地が班給され、その下々田も規定以下の面積が分与されて、隼人はその耕作と租（税）の負担に苦悩する日々であったと思われる。
また、地形的にも山や台地が多いので、畑地を班給されることもあったのではなかろうか。とすれば、雑穀を栽培するしかなかったであろう。雑穀のなかでは、代表的なものは粟である。それは、天平八年の『薩摩国正税帳』の在庫の項には、米と共に多量の粟が記載されていることによっても推察できるからである。

律令国家は中央集権国家でもあった。中央集権国家では、中央における思考あるいは習俗が最良のものとして、それらをしばしば地方にもおしつけてくる。中央で米穀の価値観が固定されるようになると、地方にもその価値を一様に認めさせようとするので、その間には問題が生じることが出てくる。

その一例が隼人の居住地域での米作強制である。この米作強制は隼人にとって苦痛であり、耕作地の改良に努めたのであったが、それも容易なことではなかった。

江戸時代、備中（現岡山県）の薬種を業とする古河古松軒《ふるかわこしょうけん》は天明三年（一七八三）に薩摩を旅した紀行（『西遊雑記』）の中で、つぎのように述べている。

国中八分は山にて、其山押しひしぎしやうに山の頂平なる故に、それをひらきて畑とし雑穀を作る事にて、食物はよろしからねども、下民飢渇《きかつ》の難なき国なり。

この記事は、薩摩の地形と雑穀耕作の状況を的確に表現しているようである。江戸時代にいたっても、地形・地質は古代とさほど変らず、雑穀で飢えをしのいでいた。そのなかで、変化をみせつつあったのは、十八世紀の初めに伝来した甘藷が普及しつつあったことであろう。

江戸時代の薩摩藩は、七十七万石を誇り、加賀藩に次ぐ石高を保持していたといわれる。しかし、その内実は籾《もみ》高であって、脱穀すれば約半分になるし、いっぽう藩領は薩摩・大隅両国域ばかりでなく、琉球全域と日向の一部におよんでいた。現在の鹿児島県と沖縄県、それに宮崎県の一部にわたる広大な藩領であった。その藩領の広い面積からみると、籾高の七十七万石は決して多くはなく、他藩の実高と比べると、少ないといわざるを得ない量である。

江戸時代には、藩域の各所で新田開発が行なわれ、また地質改良のため多量の骨粉散布などが実施されているが、それでも明治十年代の米の段（反）当収穫高は、全国平均の約六割程度であった。そのいっぽうで、畑での雑穀栽培では、麦は低率で全国平均の約四割程度の収穫高であったが、粟とそばは九割近い収穫高であったから、粟・そばの栽培は盛んであったとみられる。

口分田で自給可能か

ところで、班田制によって規定通り班給された口分田を耕作して、食料は自給できたのであろうか。試算をしてみたい。

まず、田地には上田・中田・下田・下々田の四等級があったが、上田・中田とされる田地は少ないうえに、有力者に占有され、一般農民に班給される口分田は下田か、下々田が大半であった。

その収穫高は、一段あたり上田で約五〇束（約一石）、中田で四〇束、下田で三〇束、下々田で十五束程度であった。いずれも台風や洪水、あるいは蝗害などの被害を想定していない場合である。

班給された口分田が下田であったとして、男の口分田二段からは、約一石二斗の

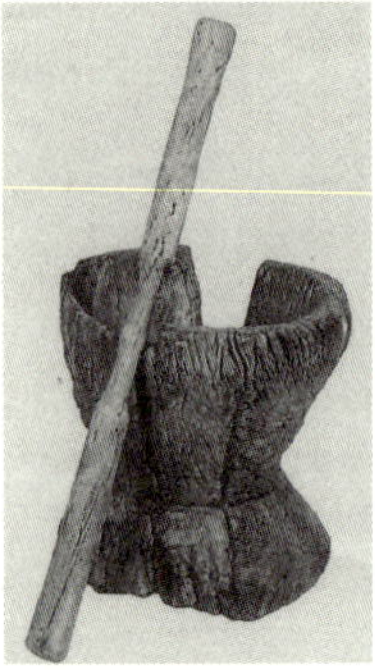

うすときね
（吉野ヶ里出土）

←↑小学校教科書挿絵と写真（日本文教出版刊）

玄米が収穫できる。そのうちから租（収穫の約三パーセント）と来年の種籾《たねもみ》分を差し引き、残りの分量で成人男性が消費する一年分のカロリーに必要な米の量を試算すると、必要な米の量の約半分の収穫にしかならないという。口分田が上田であったと仮定しても、必要な米の量の約八〇パーセント程度にしかならないことになる。

いずれにしても、口分田だけでは生活は困難であるが、現実には台風・旱《かん》ばつ・洪水、さらには蝗《こう》害などに悩まされるので、農民の厳しい生活が想像されよう。まして隼人の居住地域の地形と地質を考えると、その状況はさらに困難をきわめていたと推察される。

それでも、人びとが生き延びているのは、口分田の収穫以外に園地《えんち》（畑地）の作物や、山や川や海に食料を求めていたことが推測される。おそらくは園地で雑穀を栽培し、山でけものを捕らえ、木の実を採集し、河川や海で魚や貝などをとっていたのであろう。

なかでも南部九州では、田地以外の収穫物に多くの食料を求めていたと推察される。というのは、隼人以前の歴史がそれを示唆していたからである。

南部九州の縄文文化は、全国的に見て多彩でかつ豊かな内容で知られている。ところが、この地域はつぎの弥生時代に入ると、その痕跡が貧弱である。弥生文化は、稲作と金属器の使用に代表されるが、その痕跡は認められても、広がりや浸透度において、他の地域に比してはるかにおよばない内容である。

その原因は、前述したように南部九州の地形と地質にあった。火山噴出物で形成された多くの丘陵地と一部の平地は、無機質で保水力がなく、水田不適地であった。

畿内中心のヤマト政権は、南部九州のこのような自然条件に配慮せず、一律に班田制の施行を強制しようとしたのであった。あるときは大宰府を通して、またあるときは国司に督促して、その早期実現をせまった。

やめられぬ米作り

隼人の時代、あるいは薩摩藩の時代、鹿児島が稲作に腐心しながらも、耕地の拡大や改良に努めたことは認められても、その成果はあまりあがっていない。明治十年代になっても段当収穫が、畿内の約六割程度であったことは、すでに述べたところである。

それは一言でいえば「稲の栽培不適地」であった。それでも、稲を作り続けたのであった。その背景には、国家・社会の価値観が稲に集中していたことにあった。稲が貨幣同様に見られていたのである。

近代以前の各地域・各藩の豊かさを示す尺度は稲の「石高《こくだか》」であったし、各家の高《こう》下《げ》も禄高（石高）によって表示されていた。

しかし、地域によっては稲の価値観は認めながらも、その地域の特性を生かした産物があった。薩摩藩では、砂糖・菜種・織物・薩摩焼・煙草・蠟《ろう》などであるが、なかでもその中心の奄美三島の砂糖は、藩の財政立て直しと蓄財に利用された。

藩主島津重豪《しげひで》に登用された調所広郷《ずしょひろさと》は、藩主斉興《なりおき》の代には財政改革の主任となり、三都（江戸・大坂・京都）商人からの借財を一方的整理にのりだし、三島砂糖惣買入れ制度を実施し、収入をふやした。

このようにして、米中心の経済から、ようやく地域の特産物への転換のきざしが見えてきたが、幕府が倒され、廃藩置県へと大きく変革すると、地域性はかなり失われていった。それは、明治維新政府が強力な中央集権制であったことを反映していた。


太政官制が復活し、戸籍制度・徴兵制・学制などが全国的に実施されると、さらに土地制度におよび地租改正が行なわれた。

その地租改正では、耕作者を地主とし、土地所有者を示す「地券」が発行された。その地券には地価が記されているが、地価は従来の石高を基準とし、旧来の年貢を減じない方針で税率が定められた。

このような地租改正の実施は、実質は石高制の存続であり、米作の存続であった。

地租改正は、全国的には一八七三年（明治六）に始まり、八〇年にほぼ終わっている。ところが、鹿児島県（当時は宮崎県域も含む）では、中央政府の支持を無視する傾向が強く、加えて西南戦争があり、七四年に着手した地租改正が中断し、八一年に再着手するなど、遅延していた。その後、ようやく農事改善事業が実施されるが、その事業もまた遅滞することが多かった。

新政府は、富国強兵を目ざして種々の政策を実施したが、国民の九〇パーセントを越える農民の生産力を高めることは、その基本であった。したがって、農事改善に努めたが、その前提として農事の現状を全国的に掌握する必要があった。

江戸時代には、各藩の石高は知られていたが、それは表高《おもてだか》であって、実高は掌握しがたい状況にあった。また、農業技術や品種などの改良度も各藩において差異が認められた。

そこで、まず全国的に各種の統計調査を行っている。近代的統計調査は、明治政府になってから漸次進められるようになったが、府県単位ではそれに対応する体制が整わないことがあり、全国的に統一した資料が得られるようになるのは、明治十年代の後半以後であった。

農事に関してみると、農商務省によって全国的調査がなされ、『鹿児島県農事調査』が明治二三年（一八九〇）ごろにまとめられている。その調査から耕地面積の部分を見ると、

田　五万三九六二町四反三畝一三歩

畑　一五万七九五三町七反一畝九歩

切換畑　五万七七一三町三反九畝一三歩

切換畑《きりかえばた》は、林野を切り換えて焼畑として数年間利用するもので、県下二六郡（大島郡を含む）の全域に分布している。この切換畑の面積が田地を上まわるほどにもなっていることは注目されよう。畑作物の生産性の低さは、このような切換畑の存在が広い面積を占めていたことも一因であろう。

古い体質のまま明治へ

統計によって、現在までの農事の状況は知ることができた。しかしながら、その結果にもとづいて、今後の改良をめざす方向性への思考が不十分であった。

幕政から解放され、廃藩置県によって薩摩藩から鹿児島県になったが、新体制に対応する施策に踏み出せず、古い体質を引きずる傾向がいまだ残存していた。

したがって、明治十年代になっても食糧事情は従来と大差はなかった。明治十三年の吉利村《よしとし》（現、日置市）の常食調査によると、米は三分通りで、甘藷と粟がそれぞれ三分で、麦・蕎麦《そば》が一分であった。甘藷と粟は全国平均に近い収穫量があったから、かえってこの二作物に依存していたとも見られる。

しかしながら、江戸時代の中期以降甘藷栽培が普及し、粟は古代以来各地で作られていたことから、この二作物は鹿児島県の特産物というほどではなかった。そのような視点に立つと、鹿児島県の農産物は、黒砂糖はひとまずおいても、その他は稲をはじめとして、全国的に目立った物品を見出すことは困難であった。

常食物調査表（明治１３年，吉利村）

	甘藷	粟	米	麦・蕎麦
村中現今明治１３年	３分通	３分通	３分通	１分通
１０年前／明治３年	４分通	３分通	２分通	１分通
２０年前／万延元年	５分通	３分通	１分通	１分通

したがって、人口の大半を占める農民が、従来の田畑の産物に依存して生活することは容易ではなかった。そのことは、弥生時代や班田制の歴史が早くから示唆していたはずである。そのいっぽうで、『三代実録』の貞観《じょうがん》二年（八六〇）の記録には、

大隅国の吉多・野神二牧を廃す。馬多く蕃息《ばんそく》（殖）して百姓の作業を害する也。

とある。この記事からすると、大隅国は農業よりも牧畜に適していたことが知られよう。

といっても、歴史の記述はあくまでも過去の時代のことである。それが、現在や将来にそのままあてはまるかどうか、については批判の眼が必要である。

現代の社会の状況や生活環境の変化、さらには対外的国際関係を考察して、時代に対応した創造的方策が求められなければならない。

その方策の基盤に、歴史記述が示唆をもたらすであろう、と筆者は考えている。

四章　一遍上人の大隅遊行

浄光明寺と島津氏

薩摩藩の廃仏毀釈は、最も徹底しており、寺院一〇六六寺、僧侶二九六四人が廃寺・解職となり、以後は藩内から寺院・僧侶がすべて姿を消したという。

廃仏毀釈は、日本通史では明治初年に始まったとされるが、薩摩藩では幕末に始まり、明治初年にはさらにそれを徹底させ、遂には藩主の菩提寺にまでおよんでいる。

いま、菩提寺の福昌寺《ふくしょうじ》跡を訪ねると、そこはかつての山号「玉龍山」に因《ちな》んだ学校となっており、その校舎の背後に歴代藩主の墓石が残されている。

さらには廃仏毀釈後、島津氏は仏教とは絶縁し、神道に改宗している。したがって、いま福昌寺の墓地の景観は、やや奇妙である。多くの墓石は仏教のそれであるが、入り口正面には大きな鳥居が建てられている。いうまでもなく、江戸時代の史書は「福昌寺は曹洞《そうとう》宗」と明記している。

しかし、福昌寺は応永元年（一三九四）の創建とされているので、それ以前について調べると、島津家太守の初代から五代までは、時《じ》宗の法号がつけられているという。また、その法名に関係の深い寺院は、現在の西郷南洲墓地の敷地にあった時宗の浄光明寺《じょうこうみょうじ》が浮上してくる。

念のため、『島津氏正統系図』によって島津氏初代の忠久から、忠時・久経・忠宗・貞久の五代目までの法号を見ると、すべて「阿弥陀仏浄光明寺」の八字は共通しており、確かに浄光明寺とは深くかかわっていたと思われる。

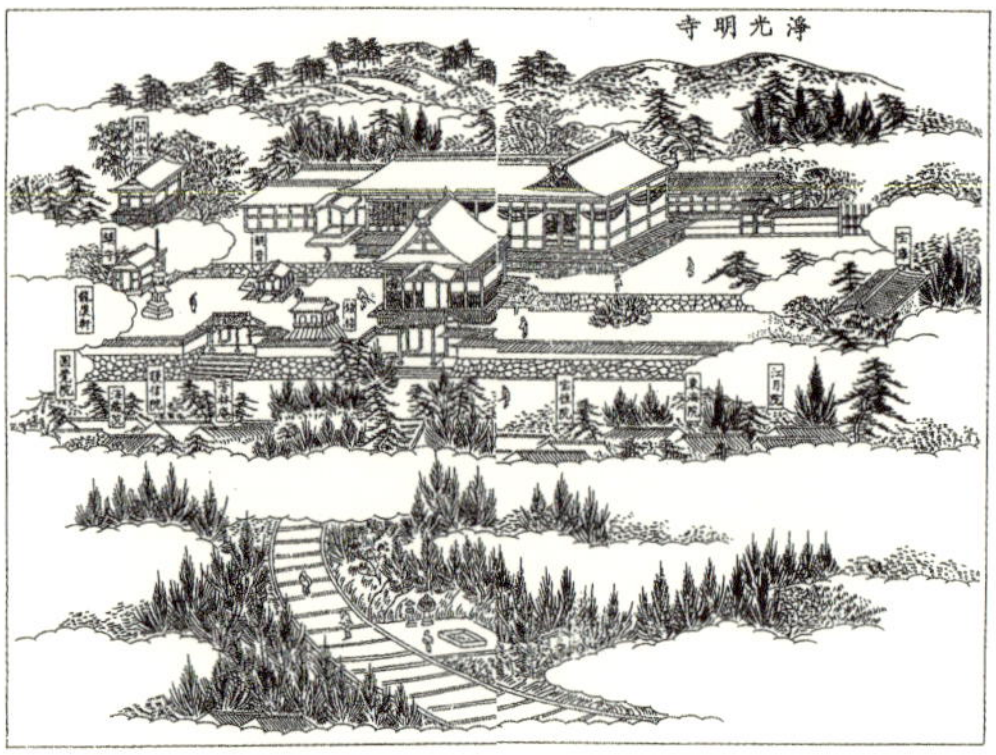

浄光明寺（三国名勝図会）

とはいっても、初代忠久の没年（一二二七）は宗祖一遍上人の生存期間（一二三九～八九）以前であるから、その法号は後代になっての追号であろうかとも思われる。そのような疑問はあるものの、初期の島津氏は時宗、あるいは浄光明寺と深い関係にあったと、見てよいであろう。ちなみに、六代以後は法号に「大禅定門」の法号が共通して用いられているので、禅宗に接近したとみられる。

島津氏の初代から五代までが時宗の法号であったが、この五代だけの廟が本立寺《ほんりゅうじ》にあった。いまでも市内清水町に本立寺馬場と呼ばれる通りがあり、その通りから少し引っ込んで寺院跡地は立地しているので、気付かない人が多いが、立派な五基の石塔が残されている。

残念ながら創建年代が明らかでないが、江戸時代の初期に、家久・光久などによって整備されたという。それまでは「五道院」という名称であったが、『論語』の「本立而道生」の語句から本立寺と名づけられたというが、この地に、かつて浄光明寺が建っていたことから、「本立」の名が生じたとの説もある。

一遍上人の人物像

島津氏初代から五代までが接近していた時宗の開祖は一遍上人《しょうにん》とされている。その一遍とは、どのような人物であろうか。その人物像について、少し迫ってみたい。

一遍は延応元年（一二三九）四国伊予国の豪族河野通広《みちひろ》の二男として生まれている。現在の愛媛県松山市である。筆者は、その誕生地を訪れたが、道後温泉の背後にある小丘陵に立地する宝厳寺《ほうごんじ》の旧地が誕生地とされている。

宝厳寺には「一遍上人堂」があり、そこには一遍上人立像があった。近年まで木像が安置されていたが、火災で焼失したため、現存するのは銅像であった。その火災では宝厳寺の諸堂も焼けたため、いまでは新堂となっていた。

一遍誕生地（宝厳寺）

一遍は七歳で仏門に入り、比叡山で学んだあと大宰府で聖達《しょうだつ》の弟子となり、名を智《ち》真《しん》と改め、以後浄土宗を学んだ。浄土宗は法然により、念仏《ねんぶつ》（南無阿弥陀仏《なむあみだぶつ》）を唱えれば、だれでも平等に極楽《ごくらく》浄土に往生《おうじょう》できるという教えが説かれていた。

法然の弟子親鸞《しんらん》は師の教えを一歩進めて、煩悩《ぼんのう》の深い人間、すなわち悪人こそが阿弥陀仏の救いの対象であると説き、農民や地方の武士の間に広がっていた。その同じ流れの中から、少し遅れて浄土思想を説いたのが一遍であった。一遍は身分や、善人・悪人や信心の有無を問うことなく、すべての人は救われると説いた。

その布教の方法として、一遍智真は「南無阿弥陀仏」を記したお札を配ったり（賦《ふ》算《さん》札）、念仏の感興に応じて踊る「踊り念仏」を催したりした。宗教と芸能の結びつきは、しばしば見られることであるが、一遍は踊りに徹したところに、その特色が見られる。

一遍はまた、一所にとどまらず各地を遊行《ゆぎょう》して歩き、その足跡は東北地方から九州地方にまで、各地に及んでいる。したがって、時宗は遊行宗とも呼ばれ、一遍は遊行

一遍像（宝厳寺）

踊り念仏図（一遍上人絵伝）

上人ともいわれた。

その一遍上人が建治三年（一二七七）、大隅正八幡宮（現、鹿児島神宮）に参籠《さんろう》している。一説では、前年ともされている。いずれにしても仏教の宗祖が、九州の南端まで足跡を残した例は、他には見られない。また、仏教者が神社に参籠するのは、奇妙とも感じるが、神仏習合は近代以前の宗教世界ではほとんど違和感はなかったようで、一遍は紀伊の熊野本宮や安芸《あき》の厳島《いつくしま》神社にも参詣している。

一遍が大隅に足を運んだ際には、島津三代の久経がその教えに傾倒し、帰依《きえ》したともいわれている。久経と一遍の生存時期はほぼ一致しているので、この時期に島津氏は一遍に接近した可能性があろう。とはいえ、一遍を宗祖とする時宗が確立するのは、しばらく後のこととみられるので、久経は一遍個人のその宗教的人間性に魅せられての接近であったろうと、筆者は想像している。

浄光明寺の創建は、それ以前との説があるので、創建当初は宗派を別にしていたが、後代になって時宗に改宗し、島津氏の初代・二代に遡及させたのではないか、との見方もできる。また、江戸時代になって、二一代の島津吉貴《よしたか》は時宗に傾倒し、その菩提寺となっていた。

吉貴の墓所は、浄光明寺が廃仏毀釈によって廃寺となり、跡地が南州墓地になった後も、旧地の一角に存在したが、昭和四五年（一九七〇）になって、島津興業によって福昌寺跡の墓地に改葬されている。

浄光明寺からの眺望

江戸時代の地誌『三国名勝図会《ずえ》』は天保十四年（一八四三）の成立であるから、いまから約一七五年前の薩摩・大隅・日向（一部）三国の名勝地の状況を、絵図入りで叙述していて具体的で分りやすいので、よく利用されている。

その書から、浄明光寺の箇所を少し引用してみると、まず目を引くのは境内からの洲崎《すさき》や桜島の眺めである。他の一例では、眼前に桜島が展望され、その手前には錦江湾が、そして眼下には城下町の一部がのぞまれる。そして絵には、画讃《がさん》の短文や歌などがそえられている。

その二例を紹介すると、つぎのようである。

「浄光明寺眺望」と題されたその一例では、

遊行第四十四世尊通
上人浄光明寺より
洲崎を見て

島かふじ　ここが
清見の寺　ならば
洲崎のかたを　みほの　松原

注釈を加えると、まず四四代目の遊行上人尊通《そんつう》が浄光明寺を訪れている。遊行宗ともいわれてた時宗の後継上人は、その遊行の伝統を江戸時代も遵守して各地を巡っていたようである。鹿児島の浄光明寺では、おそらく十日以上の滞在であったとみられる。そして高台に立地する浄光明寺の境内から南東の方向の「洲崎」の眺望を歌に詠んでいる。

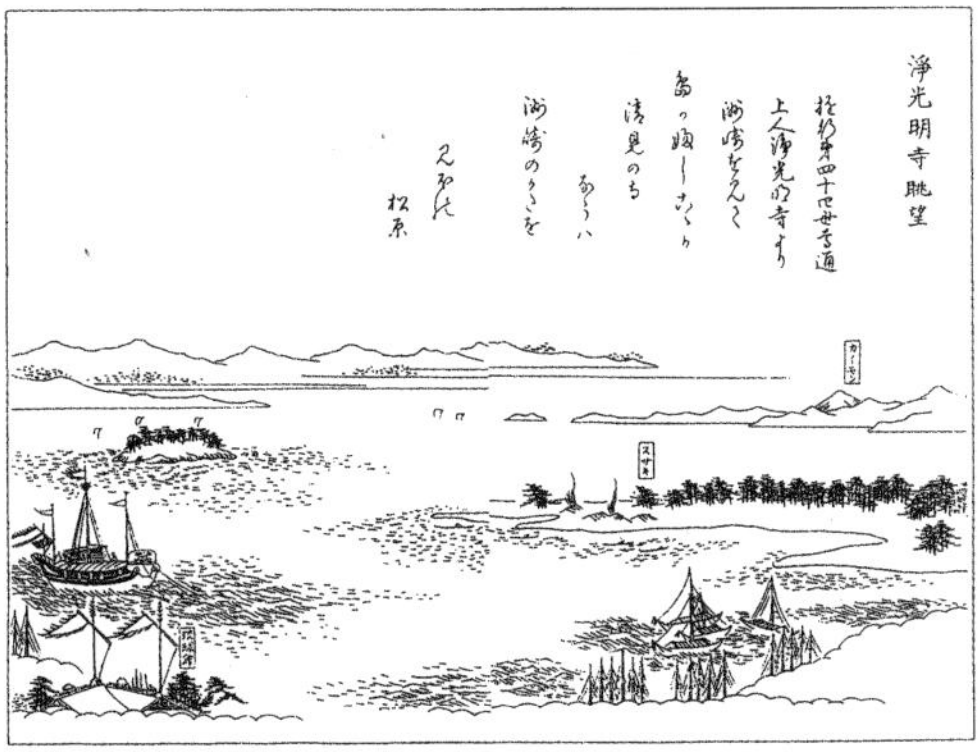

「洲崎」の眺望（三国名勝図会）

洲崎は、いまは埋め立てられて往時の地形は全く残ってないが、かつては松林が続き、各所に塩炊きの苫屋《とまや》があり、はるか向こうには、開聞岳の頂部が遠望されて、富士山と三保の松原に見まがう眺望であった。その構図は清見寺《きよみのてら》からのそれと同じであったらしい。

筆者も、かつて静岡県の清水港に近い清見寺を訪ね、その景観を一望したことがあった。しかし、いまの清見寺からの三保の松原の眺めは、清水港に停泊している多くの船にさえぎられて、期待は裏切られた経験がある。

浄光明寺からの眺望のもう一例の画讃は、つぎのようである。

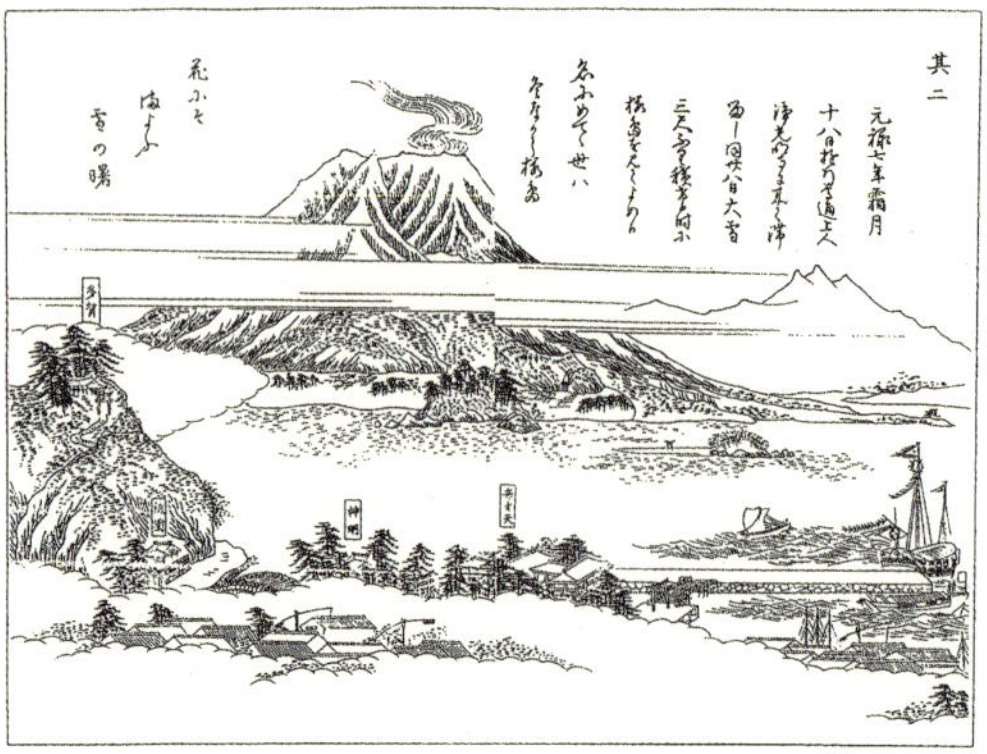

「桜島」の眺望（三国名勝図会）

元禄七年霜《しも》月十八日
遊行尊通上人
浄光明寺に来て滞留し
同廿八日大雪
三尺ふり積もりける時に
桜島を見てよめる

名にめでて　世は
冬なりし桜島
花にぞまよふ　雪の曙《あけぼの》

まず、元禄七年（一六九四）十一月十八日に、前記の尊通上人が浄光明寺を訪れ、十日後の二八日に大雪が積もったことがわかる。三尺は約九〇センチであり、同寺が少し高台に立地してはいるものの、信じられないような大雪である。

歌の概意は、桜島はその名のように、春を思わせるめでたい名の山であるが、この大雪にはとまどいまよっている早朝の雪景色だ、というのであろう。

この二例の浄光明寺からの眺望は、現在はどうなっているのかと、現地に望んで見た。ところが、残念ながらビルや高層マンションなどと、埋め立てなどによる海岸線の後退で、かつての景観を失っていた。ただ、桜島だけはいまでも、その姿を見せていた。元禄時代からすでに三百年余りの時を経ているので、その間の変遷は当然でもあろうか。

尊通上人が浄光明寺に滞留したほかにも、歴代の遊行上人が交渉をもった記録もある。同じ『三国名勝図会』によると、寛文七年（一六六七）第四十世木端《もくたん》上人が浄光明寺に輿《こし》などの使用を許したという。さらに遡ると、中世にも滞留あるいは交渉の記録が見出される。

これらの記録から見ると、歴代の遊行上人は薩摩の浄光明寺をかなり有力寺院として扱っていたようである。それを示すように、藤沢の清浄光寺の「大本山」に対し、浄光明寺は南部九州の「小本山」として遇していたようである。

一遍上人絵伝は語る

一遍上人の具体像を知るのに、多くの示唆を与えてくれるのは、その行脚を描いた絵巻である。絵巻は二種あり、十二巻本と十巻本であるが、両者ともに諸国を遍歴する一遍の姿ばかりでなく、当時の各階層の生活とその周辺の状況をよく伝えている。そのいくつかを紹介してみたい。

まず、当時の市《いち》のようすである。備前《びぜん》国（現、岡山県）の福岡市《ふくおかのいち》では仮小屋の見世《みせ》棚《だな》などに品物が並んでいる。米・鳥・魚などのほか、酒・布・履物など多様である。いっぽう、買い手は銅銭らしいものを手に持ち、銭がかなり流通していたことを示している。そのような人びとの集まりの中で、一遍が布教するようすが描かれている。

当時の市は、月三日程度の定期市で、「二日市」では毎月二日・十二日・二十二日で、その開催日には近在の人びとで賑わっていた。また、貨幣は十世紀の「乾元大《けんげんたい》宝」以後日本では鋳造されなかったが、日宋貿易などで大量の宋銭《そう》が流入して通用していた。

福岡市（一遍上人絵伝）

絵巻には、当時の武士の屋敷・家屋の造りなどが描かれている。筑前《ちくぜん》（現、福岡県）の武士の館《やかた》（おそらくは地頭層と思われる）を一遍が訪れたときの情景で、屋敷の周囲には堀がめぐらされ、板塀《いたべい》や竹の生垣《いけがき》で囲まれ、門の上には楯《たて》と矢が備えられている。母屋《おもや》は板敷きで奥の上座《かみ》だけに畳を敷き、縁側がめぐらされている。鷹《たか》狩が日常的にあったらしく、屋敷内に鷹や犬が描かれ、厩《うまや》には馬がつながれている。馬は戦闘用と耕作用を兼ねていたのであろう。

母屋は来客があり、訪ねて来た一遍の説教と念仏

武士の館（一遍上人絵伝）

を主人らしい人物が庭に降りて拝聴している。一遍は説教・念仏を済ますと、門から退出するが、そこには門番が控えており、一遍を見送っている。この絵では、二場面の時間的展開が巧みに描写されているが、このような展開は絵巻の特色である。

そのほか、農作業のようすを描いたものがあり、そこにかがし（案山子）が作られているのは、興味をひく。そのかがしは弓に矢をつがえた姿で、害鳥をおどしている。

浄光明寺ばかりでなく、江戸時代の薩摩藩領内には三十寺の時宗寺院が存在したことが確認されるという。ところが、薩摩藩では同じ系統に属する浄土真宗（一向宗）が厳禁され、浄土真宗の寺院は一寺も存在しなかった。両宗は共に阿弥陀仏《あみだぶつ》を信仰し、ナムアミダブツと念仏を唱えていた。

しかし、この両宗は区別され、一向宗の信徒は迫害され、ときに拷問《ごうもん》をも受けていた。一向宗徒は団結力が強く、為政者に対し一揆《いっき》を起こすことが他藩であったことから、薩摩藩ではそれを警戒して、一向宗を禁制したといわれている。

一向一揆でよく知られているのは、加賀の一向一揆である。文明六年（一四七四）に加賀で蜂起した一揆は、守護の富樫政親《とがしまさちか》と敵対し、政親を自殺させ、以後約一〇〇年間加賀を自治支配している。同じ頃、一揆は山城でもあり、伊勢長島や三河でも起こっている。これらを見ると、時宗の信徒が師とのタテ的結びつきであるのに対して、一向宗は門徒のヨコ的結びつきが強いように思われる。

そのころの、薩隅日三国の守護職の交代、分裂、島津一族の内紛はめまぐるしく、十四代勝久の後を継いで本宗家に入った忠良《ただよし》（日新《じっしん》）の子貴久《たかひさ》、その子義久は三国の統一支配にようやく成功した。したがって、領内での一揆的動きには、とくに厳しく対処し、その結果が全国的にもまれな一向宗の禁制につながったようである。

その禁制は江戸時代に引き継がれ、キリシタンと共に一向宗は明治初年まで続いた。しかし、時宗にはそのような組織的動向が少なく、二一代の吉貴《よしたか》が帰依し、その墓所も浄光明寺境内に造られるなど、一向宗とは一線を画した様相が見られる。

その後、幕末に至り二八代斉彬《なりあきら》まで、死後には仏教的法名がつけられたが、明治二年（一八六九）に島津氏は仏教から神道に一転し、その後に初代の島津忠久まで遡及して神号を追贈している。また、士族の多くの家でも、仏教から神道への改宗の動きが見られた。

第二部

五章　権力者機構の歴史

隼人抗戦の真相

古代の大隅・薩摩の住民である隼人が、中央政府に抗《あらが》った戦いを、日本通史では「隼人の反乱」と呼んでいる。しかし、筆者はこの表現に同意できず、異見を唱えてきた。

それは、歴史の実相を隼人の側から見れば、反乱などではなく、「隼人の抗戦」であったからである。中央政府の圧政に対して、やむを得ず抵抗したのであった。当時の隼人は、その居住域によって大隅隼人と阿多隼人に区分され、農業ばかりでなく、漁業・狩猟、さらには南島との交易など、多様な生業に従事、生活していた。

ところが、中央政権は隼人に米づくりだけを強制し、米に価値観を集中させ、隼人の地域に適応した生業を否定する政策を強制したのであった。隼人の居住地域は火山噴出土壌が大半で、水田稲作には不適地であった。

そのような地域性を配慮せず、中央政府は一方的な価値観によって、隼人に作物を強制し、その価値観にもとづく種々の貢納物を要求したのであった。租税は租《そ》として田地の稲に課し、ほかに調《ちょう》・庸《よう》・雑徭《ぞうよう》などがあった。

調は穀物以外の生産物、庸・雑徭は労力で徴収するもので、租は収穫の約三パーセントであったが、他の諸税を租稲に換算すると、調は租の約七倍、庸は約三・五倍、雑徭は約二〇倍であった。このように重い負担に隼人は抗ったのである。

隼人の農耕地は狭い、加えて地質が良くないので収穫も少ない。そのような地域に中央の政権は畿内を基準にした諸税を隼人に課そうとしたのであったが、その制度の基本であり、前提となる班田制の導入さえも困難であった。

隼人が抗戦に蜂起したのは当然であったし、抗戦に敗北しても、政府の要請に応じることは容易にはできなかったのである。

「貧窮問答歌」の悲哀

農民の困苦は、隼人より豊かな地域である筑前（現、福岡県）でも生じていた。八世紀に筑前の国守《くにのかみ》として赴任した山上憶良《やまのうえのおくら》は、歌人でもあったから、農民の窮状を『万葉集』で長歌に詠《よ》んでいる。

貧窮問答歌　　山上憶良

風まじり　雨降る夜の　雨まじり　雪降る夜は　術《すべ》もなく　寒くしあれば　堅塩《かたしお》を　取りつづしろひ　糟湯酒《かすゆ》　うちすすろひて　しはぶかひ　鼻びしびしに　しかとあらぬ　鬚《ひげ》かきなでて　我《あれ》をおきて　人はあらじと　誇ろへど　寒くしあれば　麻衾《ぶすま》　引き被《かがふ》り　布肩衣《ぬのかたぎぬ》　有《あ》りのことごと　着そへども　寒き夜すらを　我《われ》よりも　貧しき人の　父母は　飢ゑ寒《こご》ゆらむ　妻子《めこ》どもは　吟《によ》び泣くらむ　この時は　いかにしつつか　汝《な》が世は渡る。

天地《あめつち》は　広しと言へど　吾《あ》がためは　狭《さ》くやなりぬる　日月《ひつき》は　明《あか》しと言へど、

吾《あ》がためは　照りや給はぬ　人皆か　吾《あ》のみや然《しか》る　わくらばに　人とはあるを
人なみに　我《あれ》もなれるを　綿もなき　布肩衣の　海松《みる》のごと　わわけさがれる　襤《か》
褸《がふ》のみ　肩にうちかけ　伏せ廬《いほ》の　曲げ廬の内に　直土《ひたつち》に　藁《わら》解き敷きて　父母は
枕《まくら》の方《かた》に　妻子どもは　足《あと》の方に　囲《かく》みゐて　憂ひさまよひ　かまどには　火気《ほけ》
吹き立てず　こしきには　蜘蛛《くも》の巣懸《か》きて　飯炊《いひかし》ぐ　ことも忘れて　ぬえ鳥の　呻《のど》
吟《よ》びをるに　いとのきて　短きものを　端切《はしき》ると　言へるがごとく　しもと取る
里長《さとおさ》が声は　寝屋処《ねやど》まで　来立ち呼ばひぬ　かくばかり　術《すべ》なきものか　世の中の
道

世の中を　憂《う》しと恥《やさ》しと思へども　飛び立ちかねつ　鳥にしあらねば

〔万葉集巻五〕

この長歌の大意はほぼお分かりでしょうが、少し注釈を加えてみたい。

風雨はげしく雪の降る夜は一段と寒いので、精製されていない固形塩をかじり、酒糟を湯にとかして少しずつ吸いこんでみるが、しきりに咳《せき》が出る。周辺にある衣類や夜具のすべてを被《かぶ》ってみるが、どうしようもない（中略）。

竪穴《たてあな》住居の地面直接に藁を敷いて、父母・妻子を囲みながら憂えさまよっている。かまどには火の気もなく甑《こしき》（米を蒸す具）は使っていないので、くもが巣をはっている。それでも里長は税を催促して笞《むち》をもって寝屋処までやってくる。ここまで惨状を吐露《とろ》した挙句に最後の歌で、どうしようもない諦《あきらめ》めの心情を述べている。その歌を再掲する必要はないであろう。

また、税を納めるため都まで行った農民は、自弁した食料が絶え、帰途は飢え死にする者が出たようすを、史書はつぎのように記してもいる。かれらは、再び故郷に帰ることはなかった。

和銅五年（七一二）春正月乙酉《きのととり》、詔して曰《いわ》く、「諸国の役民《えきみん》、郷に帰るの日、食料絶え乏しくして、多く道路に饉《う》ゑて、溝壑《こうがく》（みぞや谷）に転填《てんてん》すること、其の類少なからず。国司等宜《よろ》しく勤《つと》めて撫養《ぶよう》を加へ、量《はか》りて賑恤《しんじゅつ》（ほどこし）すべし。如《も》し死する者有らば、且《しばらく》く埋葬を加へ、其の姓名を録して、本属（故郷）に報ぜよ。」と。

『続日本紀《しょくにほんぎ》』

以上は農民の困苦の一端を取りあげたのであるが、このようにして納められた諸税は何につかわれたのであろうか。

貴族・官人の収入

当時の貴族はもちろん、官人（役人）の大半は官位を有していた。官位は、上位から一位・二位から八位・初位《そい》まであり、それぞれの位は、さらに二階から四階に細分されていた。たとえば、一位から三位は正《しょう》・従《じゅ》の二階ずつに分かれていた。四位から初位は正・従などがさらに上・下に区分されたので、それぞれの位は四階ずつに分かれていた。したがって、正一位から最下位までは、三〇階に分かれていたことになる。

その三〇階の最下位から、上位をめざしていくら努力しても、せいぜい七位から六位ぐらいで官人生活は終りを迎えることになる。したがって、五位以上の貴族へ昇進することはまず困難である。

ところが、五位以上の貴族には「蔭位《おんい》」と呼ばれる特典があって、貴族の子弟は最初から五位・六位などの高い位が与えられていた。たとえば父親が一位の嫡子《ちゃくし》（後継

父祖の位階	嫡子	庶子	嫡孫	庶孫
一位	従五位下	正六位上	正六位上	正六位下
二位	正六位下	従六位上	従六位上	従六位下
三位	従六位上	従六位下	従六位下	正七位上
正四位	正七位下	従七位上	――	――
従四位	従七位上	従七位下	――	――
正五位	正八位下	従八位上	――	――
従五位	従八位上	従八位下	――	――

蔭位の特典

長子）には従五位下、二位の嫡子は正六位下が、それぞれ二一歳の成人した段階で賜与されていた。したがって、貴族層はその地位を子孫で継承することになり、位にともなう種々の特権を、特定の家で保持することが可能になるしくみであった。

貴族・官人の収入は、すべてが位によって隔差があった。まず、位にともなう位田《いでん》、位封《いふ》が支給される。位田は正一位に八〇町、位封は三〇〇戸である。一町は約一・二ヘクタール、位封は与えられた戸が出す租の半分と調・庸の全部が収入になる。これだけでも莫大な数量にもとづく収入であるが、そのほかに季禄《きろく》が一年に二回支給され、さらに資人《しじん》という雑務の労働力となる従者も与えられていた。

資人《しじん》は一般公民であったから、資人になると諸税免除になる特典があったため、志望者が多かった。この資人を位田の耕作などに使用すれば、収入が増えることになる。正・従の一位であれば、資人は一〇〇人も与えられることになっていた。

つぎに、貴族・官人はそれぞれの位に対応した職につくことになるが、その職にも職田《しきでん》・職封《しきふ》・資人などが賜与されることになっていた。たとえば、正・従の一位であれば太政大臣《だいじょう》の職につける。その太政大臣には職田四〇町、職封三〇〇〇〇戸、資人三〇〇人が賜与されることになっていた。

貴族の優雅な装い

これらの諸収入の総計を現在の米価で換算（試算）すると、正一位の年収は二億七千三八七万円になるという。以下、それぞれの位の年収は別表に掲げたので一覧していただきたい（吉川弘文館刊『本郷』より）。

この別表を一覧して気づくことは、三位と四位の間、五位と六位の間にそれぞれ大きな隔差があることである。それは、五位以上は「貴族」であり、貴族のなかでも三位以上は「公卿《くぎょう》」として、それぞれ特に優遇されていたからである。

正一位	2億7387万円
従一位	2億4645万円
正二位	1億9110万円
従二位	1億6875万円
正三位	1億2653万円
従三位	1億 230万円
正四位上・下	4965万円
従四位上・下	4141万円
正五位上・下	2715万円
従五位上・下	1913万円
正六位上・下	165万円
従六位上・下	150万円
正七位上・下	128万円
従七位上・下	113万円
正八位上・下	90万円
従八位上・下	83万円
大初位上・下	68万円
少初位上・下	60万円

役人の年収（試算）

このような貴族・官人の特権的収入を支えたのは、一般公民の農民たちであった。農民の負担する諸税の用途の一端がここに明らかになってきた。さきにあげた「貧窮問答歌」で、寒さに凍《こご》え、飢《う》えに喘《あえ》ぐ農民たちの苦悩の姿とは対称的な貴族・官人たちの豪奢《ごうしゃ》な様相が、そこには見られる。

隼人たちは、七世紀後半の天武朝から朝廷への朝貢を強いられてきたのであったが、都への約四〇日の行程の間に、各地で農民たちの悲惨な実相を見てきたであろうし、また都では、貴族たちの優雅な生活の様相も、まのあたりにしたのであった。

このような隼人たちの見聞の実情を考えると、隼人が中央政府の支配下に容易に服従せず、抵抗するのは当然であろう。この隼人の抵抗を中央の朝廷や政府は「隼人の反乱」と呼び、大軍を向けたのであった。隼人の最大の抗戦は養老四年（七二〇）から翌年にかけての一年数か月にわたったが、隼人は遂に敗れ、その後は圧政に苦しむことになった。

支配者の権力構造

朝廷のもとに貴族・官人は強大な権力を保持していた。その一端を収入の面からのぞいてみたのであったが、その権力の背景には看過できない支配構造があった。それは貴族・官人が行政権を掌握していたばかりではなく、司法権をも保持してたことである。

笞	10・20・30・40・50	体刑
杖	60・70・80・90・100	(同上)
徒	1年・1年半・2年・2年半・3年	懲役刑
流	近流(越前・安芸) 中流(信濃・伊予) 遠流(伊豆・安房・常陸・佐渡・隠岐・土佐)	
死	絞・斬	

刑罰の種類

ということは、政治家が裁判官でもあったから、近・現代の三権分立の慣習のもとで暮らしている人びとには想像できない権力を、支配者層は付与されていたことになろう。

ただし、その権力の行使にも職階によって限界があった。職階が低いと刑罰は軽いものしか、判決を下すことはできなかったからである。そのしくみを少しのぞいてみたい。

刑罰には五刑といわれる五種の区分があった。笞《ち》罪・杖《じょう》罪・徒《ず》罪・流《る》罪・死罪がそれである。笞罪と杖罪は竹の鞭《むち》で臀《しり》や背を打つもので、笞罪では一〇回〜五〇回を一〇回刻みで増やす五等級に分かれ、杖罪では六〇回〜一〇〇回と五等級に分かれていた。

また、徒罪は懲役刑で一年から三年までを半年刻みで五等級に分かれており、笞罪から徒罪までは国司級以下の職階で判決を下すことができた。しかし、流罪と死罪は太政官が判決することになっていたし、その判決に不服があれば天皇に上表することもできた。

ところが、三位以上の位階を有する者が罪人とされた場合は減刑になることがあり、また八位以上の父母・妻子は刑罰の代りに銅を納付する贖銅《しょくどう》の制があり、それぞれの罪に対応した償う銅の重量が定められていた。

つぎに、貴族・官人の租税や諸負担の免除規定を見ておきたい。貴族・官人は、すでに述べたように各種の収入があり、特典があった。そのいっぽうで、租税などの負担もまた、それぞれの位階に応じて本人ばかりでなく、家族も含む免除があった。とりわけ、負担の重い調・庸の免除に重点がおかれていた。

たとえば、三位以上であれば本人の調・庸はもちろん、親子、祖父、兄弟、孫に至るまで免除になっていた。なお、ここでは妻や姉妹、祖母については除外されているように解釈されそうであるが、調・庸は基本的には男性を課税対象にしているので、女性には課税されなかった。

また、五位以上では本人と親子、六位以下は本人の免除が認められていた。したがって、さきの位階による収入一覧では、六位以下の収入が一見して低いようであるが、調・庸が免除されていることを考慮すると、それほど低いものではなかったようである。

行政・司法の未分化

さきに、古代においては行政官が司法官も兼ねることを述べたが、それは古代に限ったことではなかった。じつは、江戸時代にいたるまで、その慣行は継承されていたのである。

一例をあげると、江戸町奉行は江戸の町政にあたるが、南町奉行と北町奉行は月番交代でそれぞれが江戸全域を担当し、行政ばかりでなく警察・司法も兼務していた。

南町奉行として有名な大岡越前守忠相《えちぜんのかみただすけ》は、名裁判官として知られ、「大岡裁《さば》き」などとして賞讃されるが、じつは江戸の行政が主な務めであった。ところが、兼務していた裁判がドラマ化され講談・歌舞伎などの題材となって、早くから人びとの人気を呼んだものである。しかし、その大半は忠相に仮託《かたく》されたもので、事実は一部といわれている。

日本の歴史をひもとくとき、古代から江戸時代までの長期にわたって、行政と司法が未分化であったことは、重要な視点であるが、この視点がしばしば看過されてしまうことがあるので、注意しなければならない。

では、行政・司法ばかりでなく立法を加えて、三権が分立の思想が見られるのはいつであろうか。それは一八六八（明治元）の「政体書」の文言である。そこには、

天下ノ権力、総テコレヲ太政官ニ帰ス。（中略）太政官ノ権力ヲ分ツテ、立法・行法・司法ノ三権トス。即チ偏重ノ患《うれい》無カラシムナリ。立法官ハ行法官ヲ兼ヌル

ヲ得ス。行法官ハ立法官ヲ兼ヌルヲ得ス。

この「政体書」は福岡孝弟《たかちか》・副島種臣《たねおみ》らがアメリカの制度を参考にして起草したもので、太政官への権力集中を抑制したものであった。とはいっても、三権分立思想はアメリカで発達したものではなく、その源流はフランスの政治思想家モンテスキューの『法の精神』(一七四八年)にあり、以後欧米に広まったものであった。

しかし、この思想を日本で定着させるには困難な状況も見出される。それは大日本帝国憲法で、帝国議会・政府・裁判所の分立を定めながらも、その上位には天皇の統治権があり、三機関は分立していても、それらは天皇の統治権を補佐するものであったからである。

ところが、一見困難な状況の中で三権分立を貫徹しようとする人物の行動があったことは注目されよう。それは、一八九一年(明治二四)に滋賀県大津で起こった、いわゆる大津事件に際しての裁判であった。

大津事件と司法権

事件は、この年の五月十一日のことである。ロシア皇太子ニコラス＝アレクサンドロビッチ（のちの皇帝ニコラス二世）は、シベリア鉄道の起工式のついでに日本に来遊した。皇太子は長崎・鹿児島を経て神戸に上陸し、五月九日に京都に入った。そして十一日には琵琶湖を遊覧し、帰途についた際に護衛に当たっていた巡査津田三蔵が突如抜剣して皇太子の頭部に切りつけ、重傷を負わせた。

事件当日の皇太子

津田三蔵は、ロシア皇太子の来遊は日本侵略のための下見と推測して、行動に及んだようであった。皇太子は応急の手当てのあと、京都の旅宿に帰り加療することになった。

この突発事件は、日本の皇室や内閣に衝撃をもたらし、明治天皇みずから京都へ急遽行幸して、親しく皇太子を旅宿に見舞い、帰途につく皇太子と神戸まで同行した。松方正義首相・閣僚や伊藤博文・黒田清隆などの元勲も京都へ下った。閣僚の一人は、「日本はこれで亡ぶ」とまで云い、事件の影響の多大なることを懸念した。

当時のロシアは世界の強国であり、日本はその強国の感情を融和するために、あらゆる手段を講じたのであった。それでも、ロシア側の出方を危惧するしかなかった。わずかに残された一つの手段は、犯人の津田を極刑に処することであった。

政府は、当時の刑法でわが皇族に対する犯罪（刑法一一六条）と同様に、死刑を求めて大審院（現、最高裁判所）長官の児島惟謙《いけん》（本名はコレカタ）に強制した。しかし、大審院では普通謀殺罪の未遂事件とするのが妥当とする見解が主流を占め、津田三蔵被告は無期徒刑に決定した。

児島院長に対し、政府はロシアの対日感情の悪化を懸念して執拗な裁判干渉を行なったのであったが、それを排除した判決に国内外では大きな抵抗もなく、かえって近代国家として司法権の独立を守った児島惟謙の態度が評価されることになった。

とはいっても、司法権の独立がその後も維持されたか、ということになると、明治憲法のもとでは、天皇の統治権が優位であったから、天皇の統治権は政治に利用されることが少なからず起こった。また、戦後の新憲法のもとでも、裁判官の任命は内閣によって行なわれるので、三権分立にはいまだ問題があるように思われる。

近代の四民平等

江戸時代の身分制度であった士・農・工・商の四民が、ようやく解放されたのは明治維新の政策によると説かれている。

しかし、それは真の解放であったのか、筆者ならずとも、疑問を抱く人びとが少なくないようである。というのは、それ以後の戸籍制度にも華族・士族・平民という新しい族籍が記され、長期にわたって存続していたからである。

さらには、華族・士族には政府による経済支援が講じられたことである。その状況の一端をとりあげてみたい。なお、華族とは旧藩主や公家、それに王政復古の功労者である。明治維新後も華族・士族には家禄を主とする秩禄が支給されていたが、

身分制度の廃止《はいし》

？ 明治時代になり，社会のしくみは，どのように変わったのでしょうか。

政府は，国民を一つにまとめるために，江《え》戸《ど》時代の身分を改めて，四民平等《しみんびょうどう》としました。だれでも，職業や住むところを自由に決め，名字《みょうじ》を名のれるようになりました。農民だった人たちは，税金を納《おさ》めたり，兵役《へいえき》についたりすることになりました。いっぽう，華族《かぞく》や士族《しぞく》も，政府からの援助金《えんじょきん》を少なくされたり，刀を持つことを禁止されたりしました。

しかし，これらのことで，政府に不満をもつ人びとも増えていきました。

⬆天地のはかり
明治時代中ごろのさし絵で，人びとはみな平等であることをあらわしています。

小学校教科書の「四民平等」の記述（日本文教出版）

一八七六年（明治九）を期して金禄公債証書を与えて秩禄を全廃している。

しかし、その額は平民から見れば少なくなかった。平民は徴兵令にしたがって兵役に就くと、年俸十五円余であった（二等歩兵）。それに対し、士族は一人平均五〇〇円ほどあり、華族は一人平均六万円余という高額であった。

一八七三年（明治六）の人口構成を見ると、華族は二八二九人、士族は一五四万八千人余、卒《そつ》（足軽などの下級武士）三四万人余、平民三一、一〇万六千人余、その他（僧侶・神職など）二九万八千余人で、合計三三、三〇万人余であった。

この人口構成からすると、平民は全人口の九三・四パーセントを占めており、華族・士族の優遇策は平民とは隔差があり、その負担の上に成り立っていたことは明らかであろう。したがって、「四民平等」を標榜《ひょうぼう》しながら、明治以後には新しい階層が成立していたのであった。

いっぽう政治上では、華族は皇族・勅選議員とともに貴族院の構成員となり、その政治的特権は一九四七年（昭和二二）の日本国憲法の施行まで存続した。参議院は、一応はその後身とされているが、その性格は大いに異なっている。

終戦から七〇余年、国内ではいままた隔差が広がりつつあるといわれている。求人数は増加していても、給料の上昇は抑えられ、子どもたちのなかには十分な食事が与えられずに、子ども食堂に通う数が増加しつつあるという。日本国憲法で認められている、健康で文化的な最低限度の生活を営む権利の保障を再確認したいと願っている。

六章　明治期の薩摩遺風

薩摩は旧風多し

明治二二年（一八八九）、新潟県長岡の出身で、鹿児島県宮之城の盈進《えいしん》小学校教員として赴任した本富《ほんぷ》安四郎は、鹿児島の風俗に当惑することがしばしばあった。その一端を摘記してみよう。

薩摩は旧風多く存し、暦の如きもなほ陰暦を用ひ、諸勘定・諸行事皆之による。ただ役場・学校等に於て公事上に新暦用ふるに止まりて、其他に殆《ほと》んど使用せ

ず、

などと記している（『薩摩見聞記』）。新暦の採用は明治六年であったから、すでに十五年以上経過していた。

この記事の前後には、正月から十二月にいたる一年間の鹿児島の諸行事を列記しているが、そのすべてが旧暦である。たとえば、六月灯の祭りは旧暦「六月」であり、祇園祭（ぎおんさー）も六月である。また、花見は「三月四日」を定日としている。

安四郎はかつて旅館に泊まったが、その時に宿の主人が請取《うけとり》を書くのに、安四郎を他境人と判断し、日付を入れるのに、「今日は新《しん》の何月何日に候や、と余に問ひたることあり」とも記している。

このような状況からすると、学童は学校における諸行事に用いる暦と、家庭での暦を使い分ける必要があり、煩《はん》雑であったであろうと想像する。なお、新暦の採用当初は、全国的に旧・新の暦の混乱が生じたというが、鹿児島ほどの遅延はなかったようである。

太陽暦採用の契機

太陽暦の採用は、明治政府が西洋諸国と年・月・日を共通にするために、文明開化の一環として行なった、と説明されているが、じつは、もっと切迫した事情があったようである。その事情については、あとで述べることにするが、薩摩には江戸時代から政権とは別の暦を作ろうとする意図と慣例があったようである。

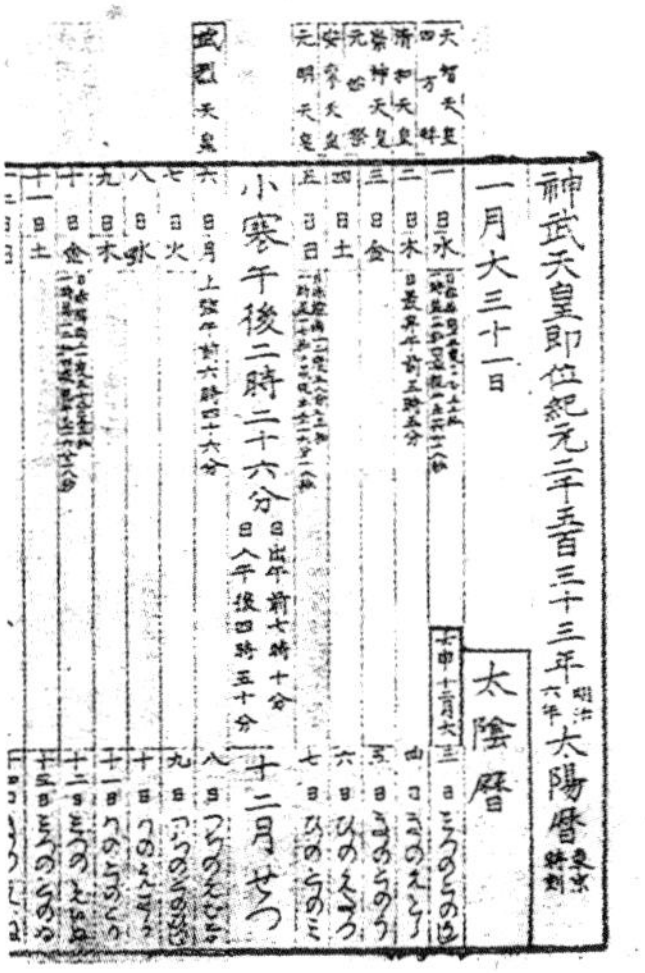

神武天皇即位紀元二千五百三十三年 明治六年 太陽暦 東京時刻

一月大三十一日

小寒午後二時二十六分

太陰暦

壬申十二月大

太陽暦採用時の暦

「薩摩暦」とよばれる暦が、県立図書館などに残されている。その暦を作成する端緒は、幕府が用いていた貞享《じょうきょう》暦に不備があったことによるという。とりわけ、島津重豪《しげひで》は明時館（のちに天文館と呼ばれている）を設置し、独自に天文観測を行ない、領内の暦をここから発行している。

政権と別の暦を用いることは容認されることではなかったはずであるが、その点については、『三国名勝図会《ずえ》』は「明時館」の項で、

鎌倉右大将源公（頼朝）、得仏公《とくぶつ》（忠久）を本藩に封じ給ふや、時に暦官を賜ひ、自ら歳暦を作ることを得さしめ給ふ。


と記し、鎌倉時代から認められていたと説明している。

疑問のある説明であるが、現実問題としては、江戸と薩摩では太陽の出没時刻に差があることなどから、幕府も黙認していたのであろうか。

またいっぽうで、廃藩置県後の鹿児島県の地元では、維新政府の新政には反対する風潮があり、太陽暦採用についても順応しない傾向が強かったこともあったとみられる。


さて、太陽暦の採用についての、維新政府の動きを見ておきたい。それが、かなり唐突であった。まず、明治五年（一八七二）十一月九日に改暦詔書が出て、太陽暦採用が決まり、同時に太政官布告が出て、来る十二月三日を明治六年一月一日とするこ

と、一年は三六五日・十二か月とし、四年に一回閏年《うるう》をおくこと、時刻は一日の時間を二四等分し、午前と午後を十二時間とすることを指示した。

十一月九日に布告し、十二月三日から新暦採用というのだから、人びとは物心両面で大いにとまどった。暦屋は旧暦のままの来年の暦を刷りあげ、大部分は各地へ届けていた。いまさら、新暦の対応は無理であったから、大損をこうむったという。また、一部の地方では新暦採用の布告がよくわからず、旧暦のまま新年を迎え、しばらくは旧暦が通用していた。

ところで、維新政府はなぜ改暦を急いだのであろうか。もう少し余裕をもって、人民に準備する期間を与えることができなかったのかと思われるのであるが。

じつは、政府は維新以来、役人を任命して新政に取組み、明治四年（一八七一）には廃藩置県を断行し、東京府に邏卒《らそつ》（巡査）三千人をおくなど、多額の出費で困窮していた。とくに、人件費に悩まされたので、大半を月給制（従来は年俸）にして、一《ひと》月《つき》一月を何とかしのいでいた。

ところが、旧暦では数年（普通は三年）おきに閏月《うるう》があって、一年が十三か月となり、給料にいっそう窮することになった。その閏月が明治六年にも巡ってくることになっていたことから、一策を講じて、急遽《きゅうきょ》明治六年から太陽暦を採用することにしたのであった。

その結果、明治五年は十二月二日で終り、翌日は明治六年一月一日となり、一年は十二か月と固定するようになった。これによって、一月《ひとつき》分の給料は節約できただけでなく、明治五年の十二月分もカットすることになり、最終的には二か月分の節約となった。

「文明開化」の名のもとに実施された太陽暦の採用には、このようなウラ事情があった。

「文明開化」と太陽暦のかかわるオモテの話をすると、つぎのようなことがあった。それは、幕末の一八五八年（安政五）午《うま》年にアメリカとの間に、日米修好通商条約を結び、開港を約束したときに、開港年月日に西暦（太陽暦）を注記したのであった。

長年にわたった鎖国時代は旧暦で不自由はなかったが、開国後はそれが通用しなかったことから、欧米諸国と暦を統一する必要にせまられたのであった。その条約文の一部を掲出すると、つぎのようである。

第三条　下田・箱館港の外、次にいふ所の場所を、左之期限より開くべし。

神奈川　午三月より凡十五ヶ月の後より　西洋紀元千八百五十九年七月四日

長崎　同断　同断

新潟　同断凡二十ヶ月の後より　千八百六十年一月一日

兵庫　同断凡五十六ヶ月の後より　千八百六十三年一月一日

これより前に、蘭学者の大槻玄沢《おおつきげんたく》らが「オランダ正月」の祝宴を開いたことがあった。それは、寛政六年の十一月十一日のことで、太陽暦では一七九五年の正月元日にあたっていた。

とはいえ、当時の一般民衆が太陽暦に無関心であったわけではなかった。農民はみずから作物を育てていたし、人びとの周囲には草木が生い茂っていた。それらの植物は、みな太陽によって成長していたのであった。したがって、太陽の動きや変化には敏感であった。

旧暦を、俗に陰暦と呼ぶが、それは太陰暦そのままではなかった。月の動きや形を基本には採用していても、太陽暦で数年ごとに調整し、数年おきに閏《うるう》年を入れて、一年を十三か月にしていたのであった。したがって、旧暦は正確には太陰太陽暦という。ただし、両暦の一年の始まりには、約一か月のズレがあり、旧暦の正月は、新暦（太陽暦）の二月のどこかである。

旧暦の存続いつまで

ところで、鹿児島では旧暦を使用する習俗がいつまで続いたのであろうか。じつは、旧暦から新暦に改めたのは、明治四三年（一九一〇）ごろのようである。同年六月二二日付の鹿児島新聞によると、「本年より旧暦廃止に付き」の記事とともに、「六月燈が七月燈となる」ことが載せられている。

したがって、明治の末年近くになって、ようやく新暦の使用が本格的になったことが知られるが、「六月燈」の祭りの名称は容易には変らなかったようで、その旧呼称は現在にいたるまで存続している。

このように、旧暦の習俗が後年まで続いたのは、鹿児島が辺境にあったことによると思われがちであるが、筆者はその主因は別のところにあったと考えている。というのは、鹿児島では維新政府の諸施策に反対する指向が強く、「アンチ政府」ともいうべき動向がめだっている。

維新政府は、しばしば薩長藩閥などといわれるところからすると、このような指向や動向は意外でもあろうが、じつは上京したグループと地元に残ったグループは、概してそれぞれに別の指向が見られ、それがそれぞれの動向にもあらわれているようである。

城下士と郷士の隔差

薩摩藩の藩士は元来二層に別れていた。城下士と郷士である。城下士は鹿児島城下に本拠を持ち、郷士は城下の外周や藩境の麓《ふもと》（外城）に居住し、半士半農で自給自足的生活をしていた。

城下士も元は地方《じかた》知行であったから、一定の土地を農村に領有していたが、江戸中期ごろからは、領地から切り離され俸禄が藩庁から支給されるようになると、麓に居住する郷士とはその性格が明確に区分されるようになった。

　また、両者の禄高を見ると、城下士は中期以降で平均して、八〇石近い高であったが、郷士は四石余りで、城下士と郷士では大差があった。したがって、城下士は優越感をもついっぽうで、郷士を蔑視していた。その城下士は、藩士全体の十一パーセント程度で、藩士の大半は郷士であった。

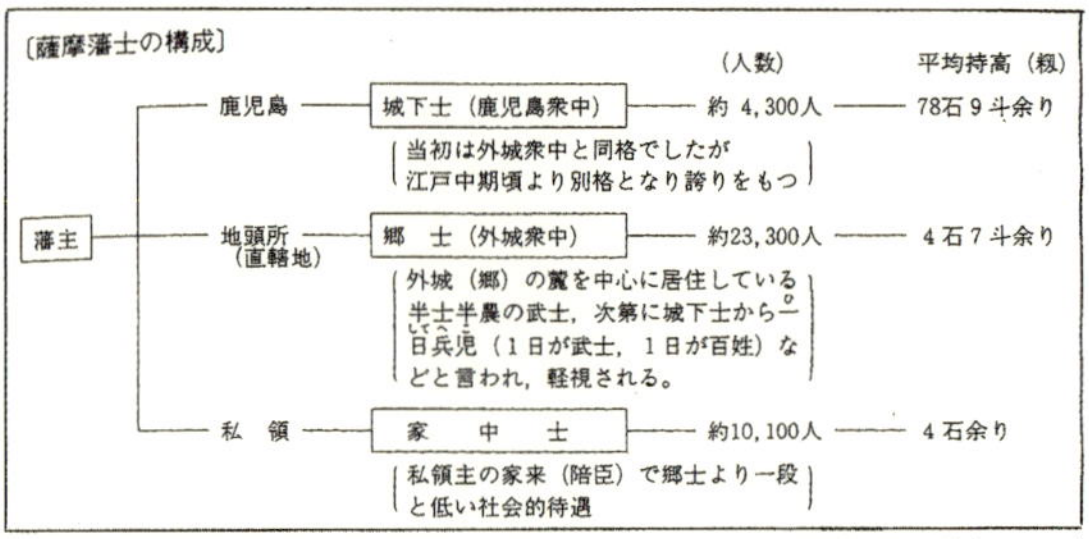

（黎明館『薩摩七十七万石』より）

人数は女子と元服前の男子を除く
持高は「薩藩政要録」（文政９年）より作成

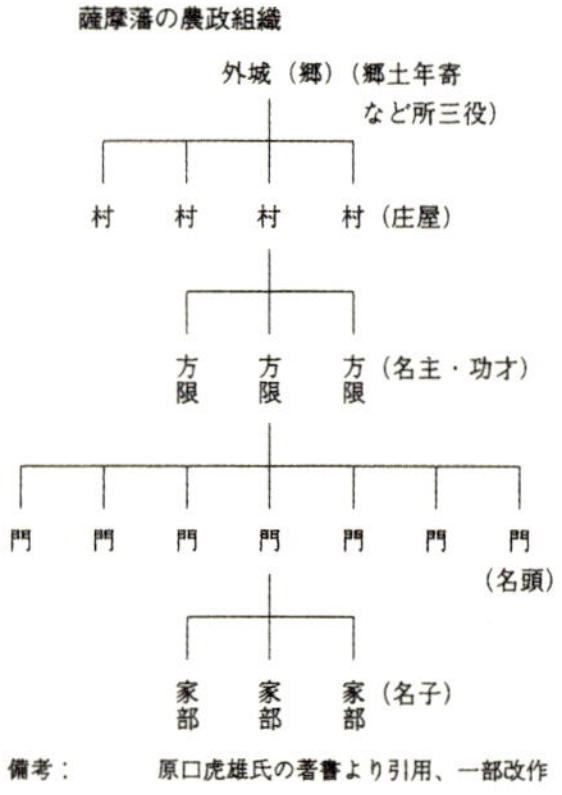

外城（郷）の農政組織

高山郷（現・肝付町）に残る郷土住宅（二階堂家）

入来郷（現・薩摩川内市）に残る武家門（入来院家）

ところが、廃藩置県や秩禄処分などの改革が進行し、いっぽうで地租改正が断行されるようになると、俸禄に依存していた城下士は経済的に困窮するようになり、上京して藩出身の有力者を頼り、邏卒《らそつ》（巡査）などに職を求める傾向が強まっていった。

そのいっぽうで、半士半農の郷士たちには、地租改正によっても、耕地などの私有が認められる例が多く、地元で農業に専念することが有利になったという。ここに、旧士族は大まかに二つのグループに形成されていく要因がある。

しかし、新政府の諸施策に対する士族の不平・不満は噴出し、ついには西南戦争を誘引することになる。

さきに『薩摩見聞記』の著者本富安四郎の記述の一部を引用したが、かれは西南戦争が鹿児島の近代化にとって、ダメージを与えたことについても述べている。

余は又明治十年の戰争が風俗の上に及ぼしたる結果少なからざるべしと信ず。此戰争の間、薩隅日の三州に於て戰死者及び死生不詳の者合計五千二百十七人（下略）

かれは、新潟県長岡の武家の出身であるが、東京で上級学校に通い、鹿児島県の教員として赴任しているので、各地の事情にかなり通じていたと思われる。そのかれが見た明治二十年代の鹿児島の状況についての記述には耳を傾ける必要があろう。
また安四郎は、西南戦争後までの維新の十余年間は、鹿児島の開化を大きく遅滞させたとの文意でも述べている。そのもっとも顕著なものは、かれが直接かかわっていた学校制度にみられ、就学率の低さと、とりわけ女子のそれが低率をきわめたことであった。

商業・町人の蔑視

西南戦争後の鹿児島では、旧郷士の勢力がめだつようになったという。いっぽうで、旧城下士の存在が稀薄になったともいう。

そのような状況とも関係するのであろうか。商業に携わる人や町人を軽蔑する風潮が、いつまでも残存したといわれている。そのような風潮の背景を考えると、かつての郷士の生活が浮かびあがってくる。

旧郷士は、自給自足を原則とする生活を長期にわたって営んできたのであった。したがって、ほとんどの麓（外城・郷）で商人の必要度が低かった。一一三か所の麓のうちで、半商半農ながら商人が存在したのは半数を少し上まわる程度で、自給自足できない必需品の調達や、藩の御用をつとめるためであった。

郷士のなかには無高の者もかなりいたといわれており、農業に励むほかは食べていけなかった。それでも腰には刀を差していた。このような姿を見かけた江戸時代の旅人の日記には、兵農兼業の鎌倉時代の武士を見る思いであった、とある。

江戸時代の武士は、どの藩でも通常は城下町に居住し、俸禄で生活する消費者であったから、商人が存在しなければ、生活は成り立たなかった。いっぽう、薩摩の郷士にとっては、そのような生活は別世界であった。郷士の意識の中には、物を買って暮らすのは「悪」と考えてもいたようである。

また、商人の住む「町」への嫌悪もひと通りではなかった。明治二二年（一八八八）に市制・町村制が出されると、一定規模の村は町に変更されることになったが、鹿児島県内では、「町」になることを拒否した村が大半であった。

そのため、人口が一万人を超える村が二二もあったという。とくに、谷山村（現、鹿児島市）は人口が二万人を超え、全国最大級の村であった。薩摩半島南部の頴娃《えい》村も人口一万八千人を超えていた。そのような村々では町になって「町人《まちじん》」と呼ばれることを嫌ったという。

江戸時代に薩摩藩では、商人居住区域を野町《のまち》と呼んでいたこととも無関係ではないであろう。旧薩摩藩域では明治末年になって、加治木村、ついで鹿屋村がようやく町制をしいている。いずれも一九一二年のことであった。ちなみに、谷山村は一九二四年になって町制に移行したが、大正の末期に近い時期である。

このような風潮のせいでもあろうか。鹿児島では外部から進出した商人が大型化した例がよく見られるという。山形屋はその筆頭で早い時期に定着している。

農民の貧困化

いっぽう、住民の四分の三を占めていた農民の明治初期の状況を覗いてみよう。江戸時代の農家は門割《かどわり》制度（農家を小グループに分け、耕作地をグループに均等配分する）のもとで経営していたせいで、他藩に見られるような大地主とか豪農が生じにくい状況であったし、また小作人も少なかったようである。

しかし、藩政から解放された農村では漸次新しい動きが生じてきた。というのは、地域における各門の耕地は均等化されていても、門の内部は門の長である名頭《みょうとう》（「みょうず」とも）と名子《なご》という複数の農家で構成されていたから、その間の勢力関係がしだいに表出するようになってきた。その結果は、地主と小作人の分解へと進んでいった。

明治六年（一八七三）ごろの小作地率は、西日本の諸県では概して二〇パーセント以上であったが、鹿児島県では四パーセント程度と推定されている。ところが、明治二〇年になると、小作地率が三〇・二パーセントに増加している。小作人は災害に悩まされ、肥料代の支出をはじめ、諸費用の負担に耐えられなくなった。

享保11年（1726）の大御支配門割による村落再編成直後の宮之城郷時吉村の農村構造ー薩摩国の例ー

（門高は勺以下は切り捨て）

経営体名（門）	門高	人口			名子	用夫	役畜	農民配当屋敷（1は名頭のみ）	
	石斗升合	男	女	総人数	人	人	疋	数	等級・面積（反畝歩）
上市門	22・273	3	3	6	0	2	牛0・馬3	1	下 1100
下田門	22・338	3	2	5	0	2	牛0・馬1	1	下 1306
紺屋門	22・297	4	2	6	0	2	牛0・馬3	1	下々 405
松木園門	22・307	3	1	4	0	2	牛0・馬1	1	下々 708
徳永門	22・307	2	2	4	1	2	牛0・馬2	1	下々 415
八日園門	22・307	3	3	6	0	2	牛0・馬1	1	下 1404
東門	22・287	2	1	3	0	2	牛0・馬1	1	下々 500
西之原門	22・287	3	2	5	1	2	牛0・馬2	1	下 1315
馬立門	22・307	3	2	5	1	2	牛0・馬1	1	下 1605
堂脇門	22・317	4	2	6	1	2	牛0・馬1	1	下々 824
外堀門	22・289	4	3	7	1	2	牛0・馬1	1	下々 1211
市園門	22・327	4	1	5	0	2	牛0・馬3	1	下々 1128
吉祥庵門	22・248	4	3	7	0	2	牛0・馬4	1	下 1302
新政門	22・318	2	4	6	0	2	牛0・馬2	1	下々 1015
中園門	22・306	4	1	5	0	3	牛0・馬2	1	下々 1012
田島門	22・300	5	5	10	0	2	牛0・馬5	1	下 1406
樋之口門	22・299	4	5	9	1	2	牛0・馬4	2	下々 725・下々 620
田畑門	22・277	3	1	4	0	2	牛0・馬1	1	下々 1315
中原門	22・307	3	2	5	1	2	牛0・馬2	1	下 1010
下市門	22・345	3	2	5	0	2	牛1・馬1	1	下 1400
荻峰門	22・278	3	2	5	0	2	牛0・馬1	1	下々 2100
今村門	22・301	3	4	7	1	3	牛0・馬1	2	下々 720・下615
中間門	22・245	2	0	2	0	2	牛0・馬1	1	下々 1603
浮免	267・474								
合計	780・343	74	53	127	8	48	牛1・馬44	25	総面積 2町7反3畝24歩

注：1. 本表は享保11丙午年9月9日「薩州伊佐郡宮之城時吉村御検地名寄帳」（鹿児島県立図書館蔵）によって作成した。
注：2. 本表の時吉村23の農民経営体（門）の記載は名寄帳の記載順に従った。
尾口義男氏の論文より引用、

門割制の一例（宮之城郷）

いっぽうで、作物は安価で買い取られた。その背景には、松方財政ともいわれるデフレ政策の影響もあった。農民は土地を担保にして借金を背負い込んだが、結果としては耕作地を手離すことになった。やがては、五〇町歩（約五〇ヘクタール）以上をもつ地主が数十人派生して、かつての門割制は実態を失い、名字《みようじ》のみにその残影をとどめることになった。

このような歴史的変遷をたどると、顧るに藩政期における門割制の巧妙な仕組みが浮上してくるようである。

薩摩藩は、農民に八公二民という過酷な年貢を課したことで知られている。教科書では江戸時代の年貢は五公ないし六公と記している。すなわち、収穫高の五割あるいは六割が年貢であったという。ところが、薩摩藩では、八割の高率であった。そのような高率負担をどのようにして継続させるのか。

薩摩藩の研究者尾口義男さんの宮之城郷時吉《ときよし》村の農村構造の実態を示した一例から、その門高《かどたか》の割付けを一覧して、筆者はその巧妙ぶりに、かつて感心させられたことがあった。

そこには、時吉村の二〇数門の門高が、すべて二二石二斗〜三斗におさまるように田畑が割付けされていたのであった。また、主要な働き手となる用夫《いぶ》と呼ばれる十五〜六〇歳の健全男子が各門に、二人（三人の例は二門のみ）が配分されていた。門高は、薩摩より大隅・日向はいくらか多いようであるが、いずれにしても地域によって門高は平準化されていたのであった。さらには、藩域全体での平準化をはかり、薩摩（西目《にしめ》）から大隅・日向（東目《ひがしめ》）への人移し（人配《にんばい》）も実施していた。

このような施策によって、門という小共同体の連帯責任がはかられ、門ごとの年貢負担が存続できたようである。その背景には、もう一つの政治機構が大きな役割を果たしていた。

郷士が村政を牛耳る

じつは、門の上部の村には村政の責任者としての庄屋が置かれていたが、その庄屋には郷士がその任にあたっていた。武士階層がそのような任につくことは、他藩の場合との根本的な違いであった。

〔族籍別人口表—明治４年７月14日現在「鹿児島県禄高調」〕

族籍	薩・隅・日三州	%	全国(明治６年)	%
平民	568,643人	73.62	31,106,514人	93.8
士卒	203,711	26.38	1,895,278	5.7
僧侶・神官			146,494	0.5
総計	772,354人	100	33,148,286	100

『薩藩郷士生活の経済的基礎』（原口虎雄）より

その庄屋が、門百姓の年貢・夫役の徴収にあたり、百姓一揆などを警戒し、防犯につとめた。他藩では、庄屋をはじめとする村の代表は百姓がつとめたから、村は自治的仕組みで維持されていた。

このように、郷士が村政を牛耳《ぎゅうじ》ったから、麓（外城）の存在は、農民支配には必要不可欠でもあった。そのいっぽうで、農民には自治的意識が育たず、お上《かみ》の言うことは「何事も左様でござる、ごもっとも。何とござるか、しかと存ぜぬ」ということになり、政治への無関心の風土をしだいにつくり出したようである。

いまふり返ると、古代の班田制は全国均一的施策が、地域性を無視したことから、南部九州の住民は苦しめられたのであった。いっぽう、江戸時代の門割制は地域の特異な施策が農民を困窮させたばかりでなく、無抵抗にもさせていたのであった。その遺風がいまに存続していないだろうか。

七章　神話と歴史（その1）

神話で始まる教科書

『古事記』や『日本書紀』など、最古の歴史書はいずれもその冒頭は神話で始まっている。明治初年から始まった教育制度では、文部省はそれらの神話を歴史の一部として教科書に採用していた。

その方針は、アジア太平洋戦争の終末まで変らず、戦前の学校体験者は、その神話をなつかしく語ることがある。いっぽう、それらの神話とは無縁に育った若い世代の人びとの中には、神話を知りたがり、筆者にどんな書物を読んだら良いかを、たずねたりする者もいる。

筆者は、その両方の世代に接する立場にいるが、戦前の教育はかなり徹底したものであったようで、神話と歴史を判別せず、一連の日本の歴史として覚えていて語りかける高齢者もおられて、とまどうことがある。

といっても、高齢者の中には自分が教わった教科書の神話をそのまま歴史事実とするのではなく、戦後に育った子・孫の歴史教科書の記述を見てその整合性を考慮している方もいる。そして、その整合結果を筆者に質問したりもする。

たとえば、スサノオノミコトやニニギノミコトが出雲あるいは南九州に降って来るのは、弥生文化の伝来を神話として語っているのではないかというのである。というのは、これらの神話には、金属器（剣・釣針など）が使われているというのである。弥生文化の特色は水田稲作と金属器の使用であるから、その着想に感心させられたりすることがある。

この高齢の男性によると、いまでも神武天皇以下歴代の天皇名一二五人すべて覚えているという。小学校の高学年で教わったというから、すでに七五年ばかり経っているはずである。筆者が、その記憶力に感心すると、同級生の間では当たり前のことだともいう。

その男性は、天皇名ばかりでなく教育勅語も覚えているといい、それを唱え始めた。戦前の教育法の徹底ぶりに、筆者は唖然とするばかりである。

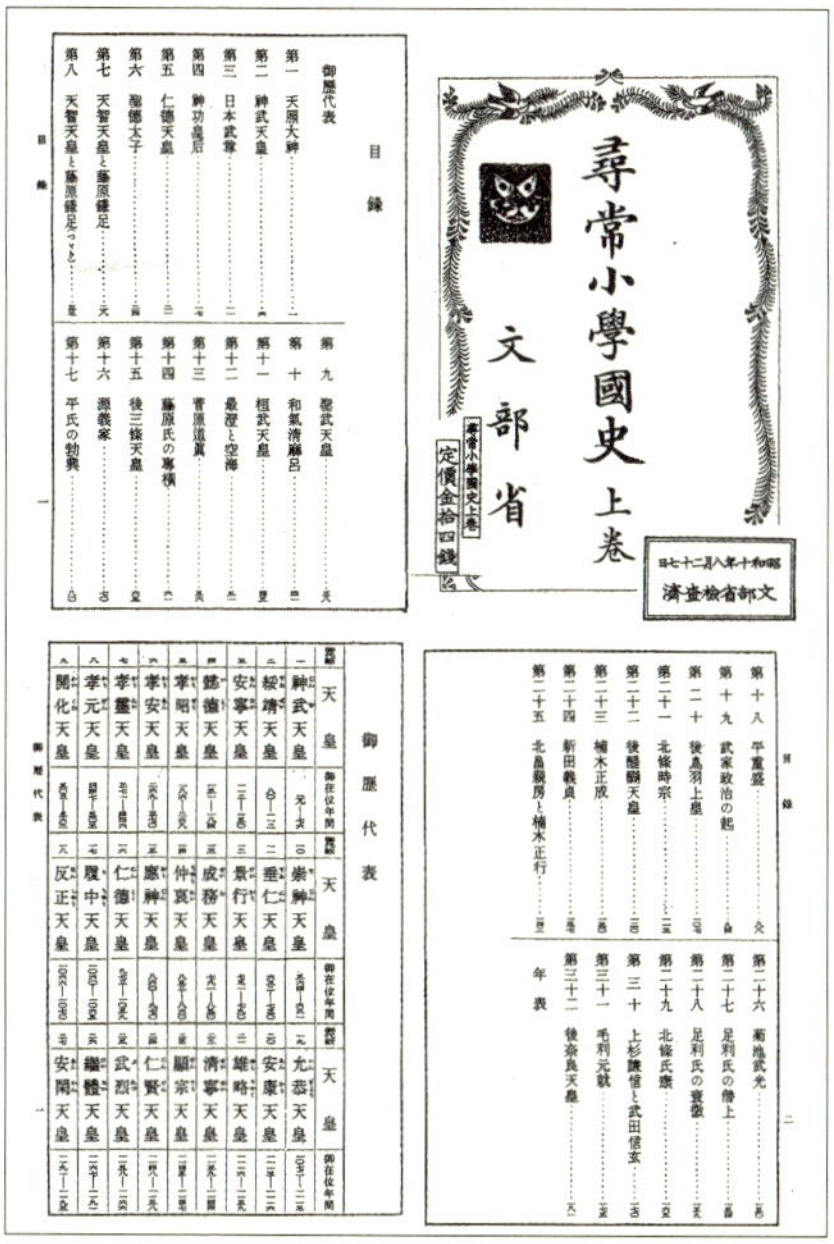
尋常小學國史 上巻
文部省
尋常小學國史上巻 定價金拾四錢
昭和十八年二月十七日 文部省檢査濟

目録

御歴代表
第一 天照大神
第二 神武天皇
第三 日本武尊
第四 神功皇后
第五 仁徳天皇
第六 聖徳太子
第七 天智天皇と藤原鎌足
第八 天智天皇と藤原鎌足(つゞき)
第九 聖武天皇
第十 和氣清麻呂
第十一 桓武天皇
第十二 最澄と空海
第十三 菅原道眞
第十四 藤原氏の專横
第十五 後三條天皇
第十六 源義家
第十七 平氏の勃興
第十八 平重盛
第十九 武家政治の起
第二十 後鳥羽上皇
第二十一 北條時宗
第二十二 後醍醐天皇
第二十三 楠木正成
第二十四 新田義貞
第二十五 北畠親房と楠木正行
第二十六 菊池武光
第二十七 足利氏の僭上
第二十八 足利氏の衰微
第二十九 北條氏康
第三十 上杉謙信と武田信玄
第三十一 毛利元就
第三十二 後奈良天皇
年表

御歴代表
一 神武天皇 二 綏靖天皇 三 安寧天皇 四 懿徳天皇 五 孝昭天皇 六 孝安天皇 七 孝靈天皇 八 孝元天皇 九 開化天皇
一〇 崇神天皇 一一 垂仁天皇 一二 景行天皇 一三 成務天皇 一四 仲哀天皇 一五 應神天皇 一六 仁徳天皇 一七 履中天皇 一八 反正天皇
一九 允恭天皇 二〇 安康天皇 二一 雄略天皇 二二 清寧天皇 二三 顯宗天皇 二四 仁賢天皇 二五 武烈天皇 二六 繼體天皇 二七 安閑天皇

戦前の小学校教科書

この話を聞いて、当時の『尋常小學國史』(上巻)を探して開いて見ると、その冒頭に「御歴代表」があり、第一代の神武天皇から、第一二四代の今上《きんじょう》天皇(昭和天皇)までが記述されており、各天皇の在位年間が神武紀元で付記されていた。したがって、教科書の本文に入る以前に各天皇名を学習する仕組みになっている。

ところが、よく見ると第十五代の応神天皇の在位が一一〇年であり、他にも一〇〇年前後の在位年間の天皇が数名あり、また、南北朝時代の北朝の天皇が記載されていなかったり、いまの日本史とは異なる点も目につく。

また、戦前の小学校の教科書の「目録」にも目を奪われる。そこには、第一、天照大神　第二、神武天皇　第三、日本武尊　というように、人（神）物名が羅列されている。これらの人物は、いまでは実在が認められない神話や説話に登場する名前である。

そのいっぽうで、縄文時代や弥生時代など考古学で用いられる時代区分は記述されていない。それでも天照大神の項で剣や鏡などのいわゆる「三種の神器」が記されているので、いまの日本史でいえば、弥生時代以後のことになるようである。

神話は生きている

戦前の学校教育では、神話は歴史であった。『古事記』・『日本書紀』に記述されている神話や説話は、史実として歴史の教科書に載せられ、教えられてきたので、多くの日本人はそれらを史実として受けとめてきた。

ところが、戦後になると一転して神話・説話は歴史ではなくなり、その区別が唱《とな》えられて、すでに七十年になる。したがって、大学生が天照大神をテンテルダイジンと読み、神武天皇をカミタケテンノウと読んで話題になったりもした。このような話を聞くと、神話はすでに忘れられてしまったようでもあるが、それほど、簡単には消えていなかったことを、筆者は思い知らされたことがあった。

というのは、二〇一二年（平成二四）に宮崎市に出かけたときのことであった。この年は、太安万侶《おおのやすまろ》によって『古事記』が撰上されてから、ちょうど一三〇〇年にあたっていた。筆者はそんなことをほとんど意識していなかったのであったが、宮崎市東部の海岸に近い一帯の「アハキ原」の伝承地一帯は、多くの観光客で賑わっていた。一帯はかつてシーガイアと呼ばれた遊楽地であったから、その施設の復活かと思っていたら、じつは神話の復活で、地元のガイドさんたちがツアー客を案内しているところであった。

神話では、イザナキノミコトが黄泉《よみ》の国から帰ってきて、穢《けが》れた身体を洗ったミソギの場所がこの地であった、というのである。『古事記』を三十数年にわたって研究した本居宣長《もとおりのりなが》ですら、その場所を特定していないのであるが、ガイドさんたちはミソギの場所という池にツアー客を案内していたのであった。いかにもそれらしい説明であったから、筆者もしばらく足を停めて聞き入ってしまった。

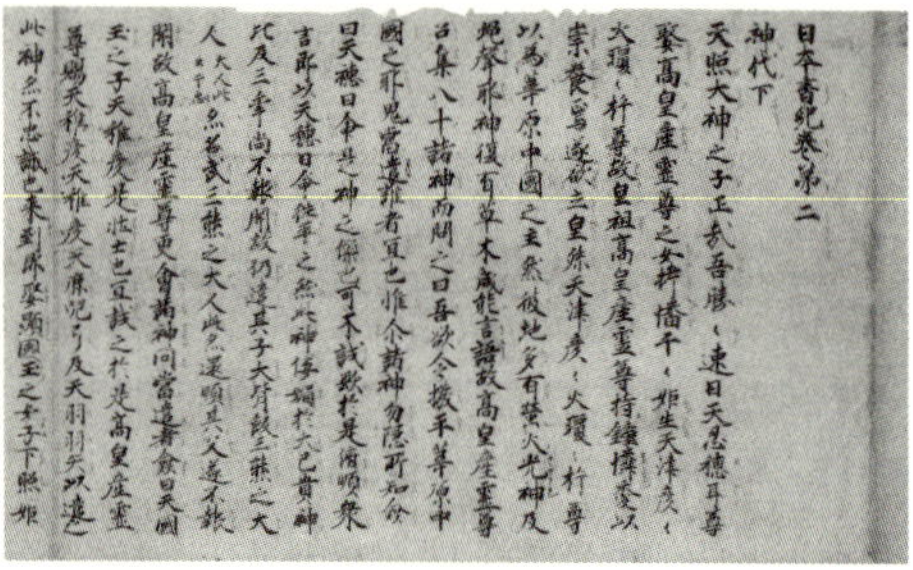
日本書紀巻第二
神代下

『日本書紀』の古写本（神話の部分）

宮崎のガイドさんたちの説明する所ばかりでなく、かつては鹿児島にもアハキハラが存在していた。『三国名勝図会』は、その存在をかなりの長文にわたって述べている。旧末吉町の住吉神社の奥地に当たる所に「檍原《アハキガハラ》」はある。
江戸時代の天保年間（約一七〇年前）に成立したこの書物によると、その場所には「檍《アハキ》神社」があり、境内には小戸池《ヲドノイケ》も記されている。また、近くには橘嶽《たちばなたけ》も描かれている。『古事記』・『日本書紀』には、イザナキノミコトのミソギの場所について、共通するようにつぎのような記述がある。

竺《つく》（筑）紫《し》の日向《ひむか》の橘の小門《をど》の阿波岐《あはき》原に到り坐《ま》して、禊《みそ》ぎ祓《はら》ひたまひき（原漢文）

両書には、このように「橘」「小門（小戸）」「阿波岐原」など、共通する地名が見えている。

檍原をたずねて

イザナキノミコトがミソギをしたという伝承を残している末吉町（現・曽於市）の

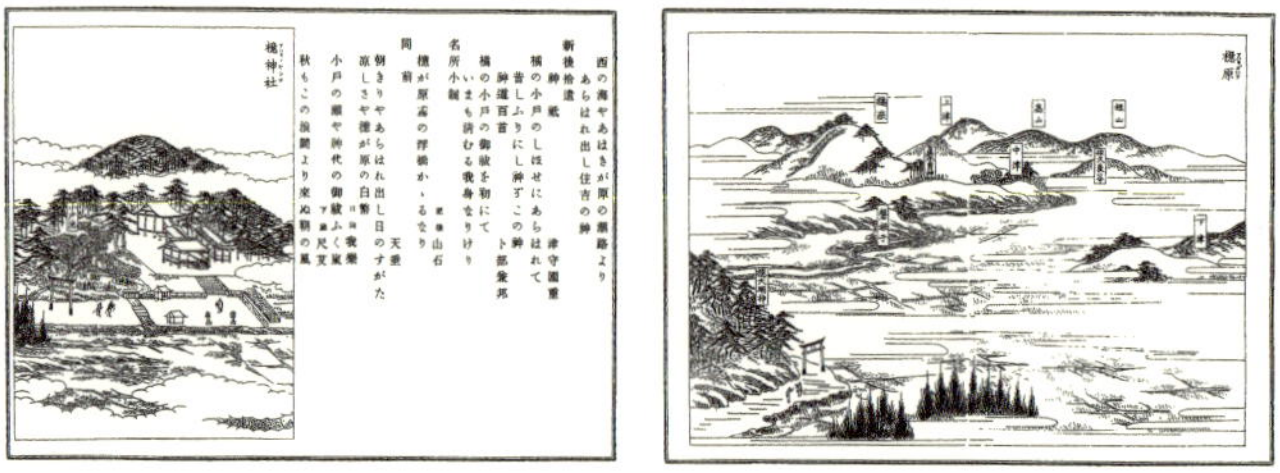

『三國名勝図会』の絵図

奥地を、やっと訪ねてみた。二十数年来、気になっていた場所である。途中の住吉神社までは何度か足を運んだことがあったが、いつも時間的余裕がなく、断念していた。

いつもは、途次にある史跡に立ち寄るのであるが、直行することに心がけた、それでも末吉町の中心街を過ぎると、道がわからなくなり、地元の人らしい方に何度か道をたずねながら、ようやく檍神社にたどり着いた。

神社の立地とその周辺は、『三国名勝図会』に描かれている絵図とあまり変っていない感じで、時が止っているような珍しい風景であった。ただ、鳥居の場所から遠望すると、前方の山並みを絵図と合わせるのが困難であった。

近くに人家らしい建物は見あたらないが、神社の前方には水田が広がっているので、耕作者がやって来るようである。神社の説明板によると、「安産の御利益」があるという。また、母乳がよく出るようにもなるらしい。これらは、

檍神社の入口

同境内の「小戸池」

イザナキがミソギのあとに神々を誕生させたという故事にもとづくのであろう。

神社から前方約一〇〇メートルの所には、それらしいミソギの流れも見出せたが、その流れが古くからその位置に存在したものかは未確認である。現在では、おそらく水田の用水に利用されているとみられる。また、「檍原」の地名の由来になって「檍」という木も多く生えていた。

筆者には、記紀に記されている「アハキ原」は、雰囲気としてはこの地がふさわしいと思われるが、残念ながら県民の関心はうすく、宮崎ほどには盛り上がらない。

なお、イザナキはミソギによって、左目を洗ってアマテラス、右目を洗ってツクヨミ、鼻を洗ってスサノオの三貴神を誕生させているが、住吉神社に祭られているツツノオ三神も、このときのミソギによって誕生させている。したがっ

住吉神社の流鏑馬の馬場

榁の若木

て、同じ末吉町の住吉神社も神話世界に連なって存在している。

その住吉神社では、毎年秋に流鏑馬《やぶさめ》が催行されているが、この行事はかつては県内各地の多くの神社で行なわれていたといわれている。しかし、いまでは県下に三か所で存続するのみである。それも騎手になる人が少なくなり、住吉神社の流鏑馬も女性騎手によって維持されているという話である。

筆者がたまたま訪れたときは、流鏑馬行事を十日後に控え、馬場が整理されていた。また、弓の的も立っていたが、上部はビニールでカバーされていたので、的の大きさ・文様などを実見することはできなかった。

天孫降臨の場所論争

いわゆる日向神話の冒頭は、よく知られた天孫降臨で始まる。ニニギノミコトが高千穂峰に降り立つ話であるが、高千穂峰がどこなのかについては、古くから論争がある。鹿児島県側に立つ人は、いうまでもなく霧島山系の高千穂峰であるが、宮崎県側の人は高千穂峰と、県北部の熊本・大分県境に近い臼杵郡高千穂町の山系を主張する人も少なからずいて、意見が別れる。

その臼杵郡高千穂説論者は、古く『日向国風土記』（逸文）にその典拠があると主張するので、強硬でもある。『日向国風土記』の該当部分は、つぎのようである。

知　鋪　郷

日向《ひむか》の國の風土記《ふどき》に曰《い》はく、臼杵《うすき》の郡《こほり》の内《うち》、知鋪《ちほ》の郷《さと》。天津彦々火瓊々杵尊《あまつひこひこほのににぎのみこと》、天の磐座《いはくら》を離《はな》れ、天《あめ》の八重雲《やへぐも》を排《おし》けて、稜威《いつ》の道別《ちわ》き道別《ちわ》きて、日向《ひむか》の高千穂《たかちほ》の二《ふた》上《がみ》の峯《みね》に天降《あも》りましき。時に、天暗冥《そらくら》く、夜晝別《よるひるわ》かず、人物《ひと》道《みち》を失《うしな》ひ、物《もの》の色別《いろわ》き難《が》たかりき。ここに、土蜘蛛《つちくも》、名を大鉏《おほくは》・小鉏《をくは》と曰《い》ふもの二人ありて、奏言《まを》しく、「皇孫《すめみま》の尊《みこと》、尊《うづ》の御手《みて》以《も》ちて、稲千穂《いねちほ》を抜《ぬ》きて籾《もみ》と爲《な》して、四方《よも》に投《な》げ散《ち》らしたまはば、必《かなら》ず開晴《あか》りなむ」とまをしき。時に、大鉏等《おほくはら》の奏《まを》ししが如《ごと》、千穂《ちほ》の稲《いね》を搓《ても》みて籾《もみ》と爲《な》して、投げ散らしたまひければ、即《すなは》ち、天開晴《そらあか》り、日月《ひつき》照《て》り光《かがや》きき。因《よ》りて高千穂《たかちほ》の二上《ふたがみ》の峯《みね》と曰《い》ひき。後《のち》の人、改めて智鋪《ちほ》と號《たづ》く。（釋日本紀巻八・萬葉集注釋巻第十）

しかしながら、「風土記」は原本は伝わっていない。したがって、その記事が八世紀の古い「風土記」とは必ずしも云えない。引用した部分は、『釈日本紀』や『万葉集註釈』など、十三世紀以後の諸書からの転載であり、その内容には疑問も残る。とはいえ、鎌倉時代以前の日向国の地誌として、一応は参考になるので念頭にとどめておくべきではあろう。そこにはニニギノミコトが臼杵郡の高千穂に降臨し、稲作の手法を伝えたことが記されている。

はたして、ニニギノミコトはどちらの高千穂に降臨したのであろうか。まずは、両地ともに、神の降臨にふさわしい山系が存在している。その山系に近隣して生活している人びとは、そこに神が降臨することを信じ、春は神を迎え、秋には神を見送る行事を続けてきている。

そのような行事は、この両地に限ったことではなく、列島各地に見られる。いわば普遍的民俗行事でもあろう。その点では、神の降臨地として、両高千穂から択一的に選定するのは困難である。

それよりも、ニニギノミコトはどこに降臨する必要があったのか。また、降臨後の話の結末はどうなっているのか。これらの点に注目すると、その場所はおのずからしぼられてくるはずである。

その結末は隼人を服属させることであった。すなわち、降臨したニニギはアタツヒメ（別名コノハナサクヤヒメ）と政略結婚し、海幸彦・山幸彦が誕生する。その海幸彦は阿多隼人の祖であり、山幸彦は天皇家の祖となる。この両者は釣針をめぐって争うが、その結果は山幸彦が海幸彦を服従させることになった。

この結末を考えると、ニニギは隼人の地、すなわち霧島山系の高千穂峰に降臨したのである。この高千穂峰は、隼人の信奉する聖地の山であり、そこにニニギが降臨するところに、この神話の意図があったのである。

また、山幸彦が釣針を求めてワタツミの世界に遊幸するが、そこは海神を信奉する阿多隼人の聖なる海であった。そのワタツミ世界で山幸彦はトヨタメヒメと結婚するが、この結婚もきわめて政略的であった。

このように、日向神話は隼人征服の話として、その筋立が構成されているが、その構成が巧妙であることから、しばしばその脚色に惑わされてしまいがちである。


神話は歴史ではない。ニニギノミコトが高千穂峰に降臨したとは、だれも真実の出来事とは思ってはいない。しかしながら、高千穂峰の秀麗な山容を眺めていると、そこにニニギが天降ってくるような幻覚を見ることがあろう。それは、神話に夢を託している時である。

その幻覚が神話を生じさせるのである。したがって、神話は人間の創造した物語である。天上には神々の世界があり、神は天上世界の高天原《たかまのはら》から人間世界に天降《あまくだ》ってくるのである。また、地下には死者の世界があり、神はその黄泉《よみ》の国からも人間世界に還ってくることができるのである。それがニニギの天孫降臨物語となり、イザナキのミソギ物語として真実のごとく語られている。

これらの物語が、ヤマト政権によって記述される過程で、そこに政策的意図が盛り込まれ、造作と修飾が加えられて、『古事記』・『日本書紀』の神話が形作られて伝存してきたのであった。

古代人にとっては、神は超能力的存在であったから、科学的かつ合理的思考に慣れた現代人とは、しばしばかけ離れた感覚が発揮されて神を認識していたとみられる。したがって、古代人が想像した神を、現代人の感覚で理解しようとすることには、限界があるように一応は思われる。

ところが、明治以後の教科書に神話が登場し、歴史の一部として教わると、歴史と神話の判別があいまいになってくる。そこには、近代に生きている人びとの意識にも潜《ひそ》んでいた古代人の血がどこかで湧き出るときがあるのであろうか。

そういえば、アジア太平洋戦争の末期には、日本を有利に導く「神風が吹く」と、まことしやかに吹聴されていたことがあったし、それを真にうける人が少なからずいた、と聞かされたことを思い出す。

戦前ばかりではなさそうである。昭和十四年（一九三九）に刊行された『鹿児島県史』（第一巻）は、天孫降臨で始まる内容を、いまだに改訂されないままである。改訂の動きすら筆者には聞こえてこない。

鹿児島県では、いまでも神話が歴史として生きているのである。

木に竹を接ぐ歴史

「木に竹を接《つ》ぐ」という言葉がある。歴史の先端に神話を記すのは、正にその言葉があてはまる。そのような歴史の叙述は、八世紀の『古事記』・『日本書紀』に構想されたものであり、一三〇〇年も前であった。

そこでは、神代に歴史は始まり、皇代に引き継がれるのが常識であった。南部九州を舞台とする「日向神話」は神代と皇代の接着剤のような役割を果たしている。

すなわち、ニニギノミコトの天孫降臨に始まり、神武天皇の誕生で終結している。その接着剤を剥《は》がすのは、南部九州住民の後裔である鹿児島・宮崎両県民の意識にかかっている。

神話には、それなりの価値が秘められている。しかし、それは歴史とは区別されるべきものであることを認識して、さらなる歩みを進めるべきである。

新版『宮崎県史』(全二五巻)は、すでに神話と歴史を峻別《しゅんべつ》し、現代人の認識で発刊済みである。

八章　神話と歴史（その2）

笠沙とはどこか

『笠沙町郷土誌』は全三巻から成っている。そのうちの上巻は歴史を主にしている。筆者はその上巻の古代の部分を依頼されていたので、まず構成を考えた。

「笠沙」は、神話に出てくる地名である。とはいえ、神話を古代の冒頭にもってくると、歴史事実と混同して誤解をもたらすし、いっぽうで『古事記』『日本書紀』の編纂期にあたる七世紀末ごろの記述に折り込むのも困難である。このようなことを考えた結果、古代の部の終末に、歴史とは切り離して節を立て「神話と笠沙」として記述した。

この上巻は、平成三年（一九九一）三月に刊行され、何とか責を果たしたのであったが、この郷土誌の記述の過程で気になったことが、いまでも時として思い出される。それは「笠沙」という地名にかかわることである。じつは、この地名が神話以外には、古代にはほとんど見出せないことである。そのうえ、現地でもこの地名がどこを指しているのか、あいまいなところがあった。

たとえば、「笠沙之宮」跡と伝承されている場所が、薩摩半島南部には数ヶ所あり、それぞれの箇所に、それらしい話が伝えられていた。そこで、「笠沙」の地名の字名《あざ》がどこかにあるのではないかと思い、旧笠沙町内を現地の方に調べてもらったことがあったが、小字《こあざ》にいたるまで、この地名は見出せなかった。

そこで、現在の町名カササがいつから付けられたかを、町教育委員会に調べてもらったところ、つぎのようなことがわかってきた。すなわち、この町名は大正十二年（一九二三）に旧西加世田村が笠沙村になったことにはじまり、昭和十五年（一九四〇）に町制をしいて、「笠沙町」になり、現在にいたっているとのことであった。

となると、現町名の起源は大正末年の村名に始まったのであり、その由来は『古事記』『日本書紀』の神話にもとづくのであった。したがって、神話による地名が大正時代になって復活したことになる。

とはいえ、この復活の発想には、それなりの根拠があるように筆者は思っているので、どなたの発想かはわからないが、筆者の考えを少し述べてみたい。

話は、天孫降臨に逆のぼる。ニニギノミコトが高千穂峯に降臨して、やって来た所は、
此処《ここ》は韓国に向ひ、笠沙の御前《みさき》を真来《まき》通りて、朝日の直刺《たださ》す国、夕日の日照る国なり。故、此地は甚吉《いとよ》き地《ところ》（『古事記』）。

と述べている。ニニギはこの地が大変気に入ったようで、ここに宮殿を建てている。

さらには、「笠沙の御前に、麗《うるは》しき美人《をとめ》に遇《あ》ひたまひき」ともあり、この岬でオオヤマツミの娘、神阿多都比売《かむあたつひめ》を見初めて求婚してもいる。

このような記述に符合する「笠沙」の地は、西加世田村の野間半島一帯と考えて、大正末年に「笠沙村」と改名したのではないか、と筆者は思っている。また、その改名の背景には、この地のどこかにそれを示唆するような伝説があったのかもしれない。

筆者が『笠沙町郷土誌』を執筆するにあたり、まずつまずいたのは、その町名の由来であった。その由来に、まがりなりにも一応の目処《めど》をつけたのであったが、つぎには『阿多（吾田）』という地名であった。

阿多の地名は古代の文献にも散見されるし、小中原《こなかばる》遺跡からは「阿多」の刻書のある土器片が検出されているので見当がつけ易いはずである。ただし、筆者が『笠沙町郷土誌』を執筆する時期には、刻書土器はまだ出土していなかった。

それでも、旧加世田町の北部には、阿多小学校があり、同名のバス停もあったから、それらの所在地が目安になった。また、のちにには、その近くから先述の刻書土器が出土したので、「阿多」の中心地の想定は確信できるようになった。

阿多の地域的性格

『和名抄《わみょうしょう》』という日本最古の百科事典には、郡名・郷名として、つぎのように記されている（十世紀初めに成立）。

阿多郡　鷹屋　田水　葛例　阿多

すなわち、薩摩国阿多郡には四郷が属していた。律令によると、一郷は五〇戸で構成されることになっており、古代では一戸（大家族）は二〇〜二五人が平均的家族数であったから、一郷では一千人以上を数え、四郷ともなると、四千〜五千人を擁することになる。

同書によると、薩摩半島部には小規模郡が多く、その郡名・郷数を列記すると、つぎのようである。

日置郡（三郷）　伊祚（作）郡（一郷）　河辺《かわのへ》郡（二郷）　頴娃《えの》郡（二郷）　揖宿郡（一郷）　給黎《きひれ》郡（一郷）　谿山《たにやま》郡（二郷）　麑島《かごしま》郡（三郷）

このような郡規模からみると、阿多郡は最大郡である。また、これらの郡のなかでは、阿多郡にのみ「阿多君《あたのきみ》」という豪族名が史書に見える。

阿多君は、おそらく薩摩半島に広く勢力を張っており、その拠点が阿多郡域であった。したがって、薩摩半島の住民を古くは「阿多隼人」と呼んでいたが、七世紀後半期前後に、その勢力の一部が畿内に強制移住させられたため、しだいに勢力が衰退したものと推測される。

この阿多君の性格を理解するためには、日向神話が参考になるようである。神話は歴史ではない。しかしながら、神話には歴史を反映した部分がある。

日向神話では、阿多君の祖について、つぎのように語られている。というのは、降臨したニニギノミコトが神阿多都比売と結婚して、生まれた子について（『古事記』）、

火照命《ほでり》此は隼人阿多君の祖。次に生める子は火須勢理命《ほすせり》。次に生める子の御名は火遠理命《ほをり》、亦《また》の名は天津日高日子穂穂手見命《あまつひこひこほほでみ》。

とあり、つづけて火照命は「海佐知毘古《うみさちひこ》」（海幸彦）、火遠理命は「山佐知毘古《やまさち》」

（山幸彦）とある。また、火照命については、「鰭《はた》の廣物《ひろもの》、鰭の狭物《さもの》を取り」とあり、大小の魚類を獲ることを生業とすると述べている。
日向神話における「阿多」は、漁業のみを生業とする人びとの集団のように語られているが、それはヤマト王権側の狭い視野からの発想でしかないようである。ところが、阿多隼人、とりわけ薩摩半島西岸部の古代の地形と、沿岸の遺跡からの出土品を検討すると、その活動は単純ではなかったことが知られる。

縄文・弥生期の「阿多」地域再現

　まず、半島西岸部の地形は、現在のような砂丘が形成される以前は、入江の多いリアス式海岸であった（図版参照）。したがって、良港に恵まれていた。また、代表

的遺跡の一つ、高橋貝塚からは、南島産のゴホウラ製の貝の腕輪（半製品）が多く出土し、その製品が北部九州から検出されている。

このような様相から見ると、阿多の地は南と北を結ぶ交易拠点であったことを示唆しているようである。さらに、高橋貝塚から出土した土器の底部から稲籾の痕跡が見出されており、南部九州での稲作の早い例とされている。それは、この地が文化の流入口であったともいえそうである。

阿多の世界観

この阿多の地のありようは、王権がこれまでに見てきた各地の小漁村、その多くは浦と呼ばれている村とは性格を異にする、海民居住地域であった。阿多地域の地域的・地理的環境について、筆者はかつて『笠沙郷土誌』を執筆したときに、つぎのように述べたことがある。その一部を引用してみよう。

中央と辺境

笠沙町は辺境なのであろうか。私たちは、いつの間にか東京が中心で、そこから遠ざかると地方があり、更に辺境がある、と考えるように慣らされてきた。しかし、この考え方は、古代には通用しない。現在の東京を含む関東地方は、古代では辺境であった。

もう一度、古代に帰って私たちの郷土を見つめてみよう。私たちの祖先は長い間、「中央」とか「地方」とかを意識せずに生活していた。国とか国家とかいう観念もなかったので、国境もなかった。

そのような時代では、野間半島で生活する人々にとっては、その生活の場所が世界の中心であった。野間半島を軸として、すべてのものが回転していたのである。私たちが、現在立っている場所を中心にすると、どのような世界が展開するのであろうか。

野間岳を軸にした500キロラインと2,000キロライン

試みに、野間岳の頂上に立って、そこに大型コンパスの針を立てて、半径五〇〇㌔の大きな円を描いてみよう。五〇〇㌔だと、鹿児島県の南端、与論島にほぼ達す

る。したがって、鹿児島県を包括することになる。ところが、県内の与論島をおさえようとした円の北端・東端が意外な所まで伸びているのに気付く。コンパスは、朝鮮半島の南部や済州島、それに国内では中国・四国地方の大部分を包み込んでしまうのである。すなわち、県内といえば近いとか、外国といえば遠いとか、それは感覚的であって実測値には合わないことがわかる。野間岳から朝鮮半島南端までは約三五〇㌔、県内では奄美大島本島に達する距離で、近い。

つぎに、もう一つの円で日本全域をとりこむように描いてみよう。野間岳を軸に半径二〇〇〇㌔で北海道まで包みこんでしまう。すると、南ではフィリピンのルソン島が入ってくる。また、朝鮮半島の全域はもちろんのこと、中国の主要部、それにソ連の一部も入ってくる。北海道に旅行するのと同じ距離を、方向さえ変れば、このように諸外国に行けることになる。古代人は、私どもが忘れてしまっている世界で生きていた。

野間岳は野間半島の中央部にそそり立つ山であり、その山容はかなり広範囲から遠望でき、航海の目印になる山である。阿多地域では金峰山《きんぽうざん》が知られるが、海洋か

「三国名勝図会」より（金峰山と野間岳）

らの遠望においては、野間岳にはおよばないようである。両岳はともに海抜六〇〇メートル前後であるが、野間岳は、まさに「海抜」の語がそのままあてはまる海から抜け出した山容である。

　神《カム》阿《ア》多《タ》都《ツ》比《ヒ》売《メ》について先述したが、このアタツヒメは、野間岳の神の巫女《みこ》的存在であった、と筆者は思っている。その証《あかし》は、ニニギノミコトと出会った場所は、「笠沙の御前《みさき》」であったし、そこには野間岳があり、彼女の父親はオオヤマツミであった。その山は野間岳の他にはあり得ないからである。

野間岳が航海の指標となっており、また航海の守護神であったことは、この岳には中国の航海神であった娘媽神《ろうま》（媽祖神《まそ》ともいう）が祭られたいたことによるともいわれている。このロウマが「野間」の語源になったとの説があり、筆者は笠沙町片浦でその神像を拝観したことがあった。その神像を保管していたのは中国渡来の林家《りん》であり、江戸時代前期にこの地に住み着いたという。

この林家渡来の例からしても、この地域が海外の地域と交流していたことが知られる。東シナ海から日本海につながる海洋は、遣隋船や遣唐船がその航路としたように、古来より太平洋より安全とされたようである。

アタの語意を考える

阿多地域の「アタ」の語意について、考えてみたい。一般的には、地名は外部からの呼称に起源があるとみられている。筆者もそれに同感であるが、アタの場合は王権によって名づけられた地名の可能性がある。

というのは、古語のアタは、敵の意であり、自分に対立するものの意である。王権が南部九州に勢力を伸張させたとき、アタは敵対する勢力であった。しかし、やがて阿多地域が服属すると、アタは異国の意に転化したように思われる。というのは、阿多地域の人びとが信奉するのは海洋神、すなわちワタツミであり、王権支配下の諸地域の多くが信奉するヤマツミの世界とは異なっていたからである。

九州の南に連なる島々、奄美・沖縄諸島には、ワタツミ信仰が広域に分布しており、現在にいたるまで、海のかなたに海神の楽園が存在すると信じられており、その信仰にともなう民俗行事が伝存されている。

ヒラセマンカイ行事。海の神を神女たちが招く（奄美大島）

王権とアタの親近性

ところで、日向神話では天上世界から降臨したニニギノミコトが、野間岳の神の巫女と見られるアタツヒメと結婚し、その間に生まれた海幸彦を阿多隼人の祖とし、山幸彦を天皇家の祖として、話を展開させている。

その展開の背景に、筆者は天皇家と隼人の親近性を見出すのであるが、そのような親近性は何に由来するのであろうか。

まず考えられるのは、王権と阿多地域との間には、武力的抗争を示すような記述が見出せないことである。『日本書紀』の六世紀前後相当の記事はいうまでもなく、神話にも見出せない。しいていえば、神話には釣り針をめぐる海幸彦と山幸彦との諍《いさか》いがあるが、それは兄弟喧嘩として語られるものである。

つぎには、王権が隼人の有する呪力に魅せられていることである。「吠声《はいせい》」あるいは「狗吠《くはい》」として語られる隼人の呪力は、その後の朝儀や天皇の行幸の場で活用されている。

『万葉集』には、隼人の吠声について、

　隼人の名に負ふ夜声いちろしく
　　わが名は告《の》りつ妻と恃《たの》ませ　（二四九七）

とあるように、隼人の吠声は奈良時代にはすでに有名であったようである。

また、『延喜式《えんぎしき》』には、元日や即位の儀式、あるいは大嘗《だいじょう》祭における隼人の吠声、さらには天皇行幸に供奉した隼人が「国界及山川道路之曲」において吠声を発することが規定されている。

このように、王権は隼人の呪力に期待し、天皇の側近でその呪力が発揮される場を設定している。このような思考は、きわめて古代的であるが、そこに王権と隼人の親近性が見出されるようである。

神話における服属儀礼

では、日向神話のなかで隼人の服属はどのように語られているのであろうか。まず、『日本書紀』(一書の第二)には、ワタツミの世界から帰還した山幸彦が釣針を兄の海幸彦に返し、海神から授けられた潮の干満が自在にできる二珠で兄をくるしめると、

兄、弟の神《あや》しき徳有《いま》すことを知りて、遂に其の弟に伏事《したが》ふ。是を以て、火酢芹命《ほのすせり》(兄)の苗裔《のち》、諸の隼人等、今に至るまでに天皇の宮墻《みかき》を離れずして、代《よよ》に吠ゆる狗《いぬ》して奉事《つかへまつ》る者なり。

というように告げて、隼人の祖である海幸彦は、子孫代々、隼人たちが狗吠をして天皇に奉仕することを誓っている。この故事が、先掲の『万葉集』の歌や『延喜式』(隼人司条)の記事の原由となっている。

ちなみに、『続日本紀』には、隼人が朝貢した際の記事に「風俗歌舞」を奏上したことが述べられているが、そのような歌舞の原由についての故事も神話には見えている。(『日本書紀』一書第四)その記事はつぎのようである。

便《すなは》ち遥《はるか》に弟《おとのみこと》に請《こ》ひて曰《まう》さく、「汝《いましみこと》、久《ひさ》しく海原《うなはら》に居《ま》しき。必ず善《よ》き術《ばけ》有らむ。願《ねが》はくは救《すく》ひたまへ。若《も》し我《われ》を活《い》けたまへらば、吾《やつかれ》が生《うみ》の児《こ》の八十《やそ》連屬《つづき》に、汝《いましみこと》の垣《みかき》邊《もと》を離《はな》れずして、俳優《わざをき》の民《たみ》たらむ」とまうす。是《ここ》に、弟《おとのみこと》嘯《うそぶ》くこと已《すで》に停《や》みて、風《かぜ》亦《また》還息《ふきとどま》りぬ。故《かれ》、兄《このかみ》、弟の徳《いきほひ》を知《し》りて、自伏辜《したが》ひなむとす。而《しか》るを弟、慍色《おもほてり》して與《あ》共《ひ》言《い》わず。是《ここ》に、兄、著犢鼻《たふさき》して、赭《そほに》を以《も》て掌《たなうち》に塗《ぬ》り、面《おもて》に塗りて、其《そ》の弟《おとのみこと》に告《まう》して曰《まう》さく、「吾《われ》、身《み》を汚《けが》すこと此《かく》の如《ごと》し。永《ひたぶる》に汝《いまし》の俳優者《わざをきひと》たらむ」とまうす。乃《すなは》ち足《あし》を擧《あ》げて踏行《ふ》みて、その溺苦《くるし》びし状《かたち》を學《なら》ふ。初《はじ》め潮《しほ》、足に漬《つ》く時《とき》には、足《あし》占《うら》をす。膝《ひざ》に至《いた》る時には足を擧ぐ。股《もも》に至る時には走り廻《めぐ》る。腰《こし》に至る時には腰を捫《もち》ふ。腋《わき》に至る時には手《て》を胸《むね》に置《お》く。頸《くび》に至る時には手を擧げて飄掌《たひろか》す。爾《それ》より今《いま》に及《いた》るまでに、曾《かつ》て廢絶無《やむことな》し。

この記述では、ワタツミ世界から帰還した弟から、兄が苦しめられるようすが描かれている。すなわち、弟は海岸で嘯《うそぶ》き（口笛を吹いて風を起こすこと）によって波を立てて、兄を溺《おぼら》し苦しめる、と兄は助命を乞い、子孫代々にわたって弟の俳優《わざおぎ》（芸能）の民として仕えることを誓い、著犢《たふ》鼻《さき》（ふんどし）をして赭《そほに》（赤土）を手や顔面に塗って俳優を演じてみせる。それは「曾て廢絶無し」と結んでいる。

『続日本紀』や『延喜式』などの史書に記述されていたことが、『古事記』『日本書紀』などの神話にも見ることができる。そのいくつかの例をここに取りあげてみた。

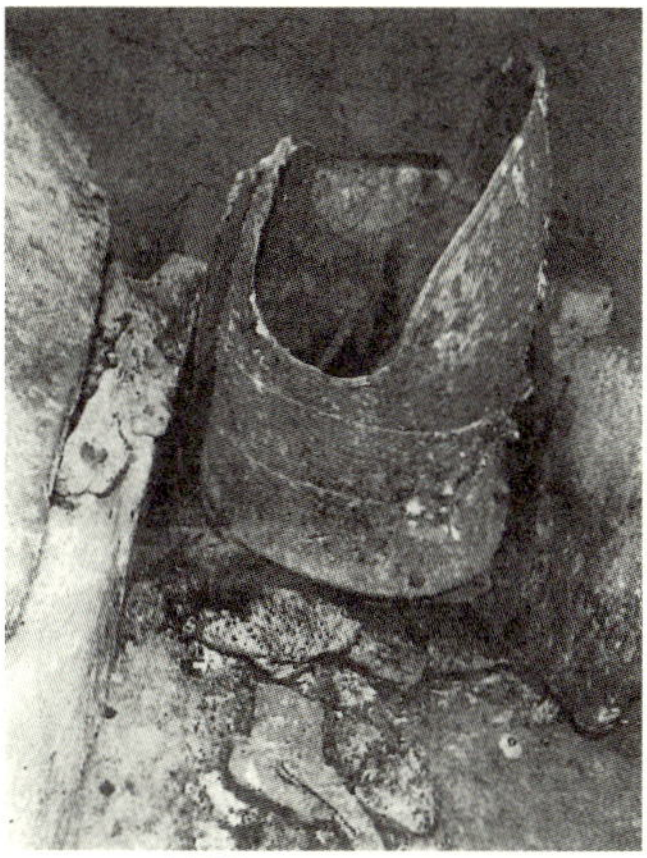
出土した短甲《たんこう》（志布志市有明町、原田地下式横穴墓）

筆者は「神話には歴史を反映したものがある」、と先述したのであるが、とりわけ日向神話には、歴史の反映がしばしば見られることを、ここに再度指摘しておきたい。

ところが、日向神話への反映は阿多隼人を主にしており、大隅隼人や大隅直《あたい》氏についての記述はほとんど見えない。そのいっぽうで、『古事記』『日本書紀』の四・五世紀以後の応神王朝以下の、歴史記述の「近習《きんじゅう》隼人」などは、大隅隼人を主にしている。

さきに取りあげたことのある盾持《たてもち》人埴輪のほか、志布志湾沿岸から最近出土した短《たん》甲《こう》（鉄製の短い鎧《よろい》）なども、王朝から賜与された武具であり、近習隼人の装具にふさわしいように思われる。

第三部

九章　天皇即位と隼人

大嘗祭とは何だろう

筆者が大学で講義をする対象の学生は、いつの間にか「平成」生まれに変わってしまっていた。その学生たちと話をしていると、日本語が通じないことや、歴史的常識が異なっていることが、しだいに多くなっていくことを感じるようになった。

「一升枡《ます》」を知らないし、年号も「平成」の前が「昭和」というのは知っていても、それより前になると、「大正」と「明治」がすぐには出てこない。まして「明治」の前となると、まったくあやふやである。

さらに、明治の前の天皇になると、年号が「慶応」だと少しばかりヒントを与えて示唆すると、「慶応天皇」の名が聞こえてくる。そこで、年号と天皇名が一致するのは、日本史上では三代しか例がないことだ、と話すと不思議な顔をしている。

現在の天皇が、やがて譲位する。そして皇太子が即位して新しい天皇となり、大嘗祭《だいじょうさい》が行なわれる、と話を進めても、あまり関心を示さない。

大嘗祭については、学生ばかりでなく、かれらの親の世代もよくは分ってないようである。そこで、勤労感謝の日が祝日と定められた由来について述べ、太平洋戦争以前は十一月二三日が新嘗祭《にいなめさい》という祭日で、天皇が新穀を天神地祇《ちぎ》にすすめ、天皇もこれを食する日であった、と話を進めている。

また、新しい天皇が即位して最初の新嘗祭をとくに大嘗祭として、一連の即位儀式のなかで重要な祭儀であることについても説明することにしている。大嘗祭は、天皇一代に一度の祭りでもあった。

かつては、学校でも新嘗祭の日は授業を休んで、全校生が講堂に集まって祭りの儀式を行なっていたという。高齢者にその時の様子をたずねると、学校行事のさまざまの儀式のなかでは、もっとも厳粛であったから、退屈であったという。別の高齢者の話では、昔は新嘗祭の歌もあったらしいが、ほとんど憶えていないというので、『日本唱歌集』（岩波文庫）で探してみた。しかし、歌詞は掲載されず、小中村清矩《こなかむらきよのり》作歌、辻高節《たかみさ》作曲とだけ記されていた。

平安時代の法律書『延喜式《えんぎしき》』には、大嘗祭の儀式に隼人が参加していたことが記されている。同書の隼人司《はやとのつかさ》の規定によると、つぎのようである。

> 凡《およ》そ践祚《せんそ》大嘗の日、（隼人）分れて応天門内の左右に陣せよ。其《そ》れ群官初めて入らば吠《はい》（吠声）を発せよ。〈中略〉興礼門《こうれいもん》より御在所の屏外に参入し、北に向かい立ち、風俗の歌舞を奏せ。〈下略〉

践祚とは、皇嗣《こうし》（皇太子）が天皇の位を承《う》け継ぐことであり、即位と同義である。その即位にともなう大嘗祭の儀式の日には、朝廷の入口にあたる応天門《おうてんもん》の左右に隼人が待機して、官人の入場が始まると、隼人が左右から吠声を発することになっていた。吠声は犬の吠え声に類似しており、邪気を払う役割を果たすと考えられていたようである。

また、儀式が進行すると、隼人たちは興礼門より御在所の屏《へい》の外に入り、北に向かって立ち風俗《くにぶり》の歌舞を奏上することになっていた。その歌舞のようすを具体的には記していないが、「風俗」の語意からすると、隼人独特の歌舞のようであり、〈中略〉の記述の部分に琴・笛などの楽器が記されているので、それらを用いたのであろうか。

いずれにしても、朝廷の儀式に隼人が参加していることは、注目すべきことである。朝儀に隼人が参加する例は他にも隼人司の記述に見られるので、さらに述べてみよう。


凡そ元日・即位および蕃客《ばんきゃく》（外国の使節）入朝の儀は、官人二人〈中略〉今来《いまき》隼人二十人・白丁《はくてい》隼人一百三十二人を率いて、分れて応天門外の左右に陣し、群官初めて入らば胡床《あぐら》より起ち、今来隼人、吠声を発すること三節。〈中略〉（隼人は）楯《たて》・槍《ほこ》を執りて、みな胡床に坐せよ。

この条文から明らかなように、隼人は元日や即位の儀式にも参加しており、大嘗祭ばかりでなく、天皇の即位にもかかわっていたのである。また、その儀式場に入る官人たちの邪気払いのための吠声を発していたのであった。その吠声は、今来隼人と呼ばれた隼人たちの役割であった。

今来隼人とは、その名称からして南部九州から朝貢してきた新来の隼人から選ばれ、新来の隼人の強い呪力が期待されていたようである。この条文の〈中略〉部分には、儀式に参加する隼人の服装などの記述もあるが、繁雑になるので、ここでは省略した（一部後述）。

ただし、隼人が携帯するものとして、楯・槍があり、このうちの楯については少し説明を加えておきたい。この楯は同じ隼人司条文に、つぎのように記されている。

楯一百八十枚。枚別長五尺、広一尺八寸、厚一寸、頭編著馬髪、以赤白土墨畫鈎《かぎ》形、（原文では「枚別」以下は割注で細字になっている）

この楯の大きさについては、ほぼ理解できたが、「頭編著」以下については想像の

隼人の楯（復元）

域を出ず、不明な点が少なからずあった。ところが、一九六四年に平城宮跡から「隼人の楯」が出土したことによって、その大要が明らかになっている。

この隼人の楯の文様は、いまではかなり知られるようになり、そのデザインはよく利用されてもいる。赤・白・墨（黒）の三色の渦巻文《うずまきもん》と、上下の三角文（赤・黒）は奇抜にも見えるし、現代風にも見えるらしい。

平城宮跡から出土した楯は、奈良文化財研究所に保管されていた。その状況を見学したく思い、筆者は研究所勤務の知人に懇願してようやく許されて実見したことがある。いまから三十数年前のことである。そのごく一部を報告してみよう。

隼人の楯の実物

隼人の楯は、平城宮跡の井戸の側板に利用されていた。ということは、楯として利用されていたものが古くなり、廃棄されたものとみられるが、それほど痛んでいるようではなく、側板に再利用が可能であったとみられる。

井戸は方形で、一面に二枚ずつで四方八枚、それが上・下二段で計十六枚も利用されていた。しかし、上段の八枚は損傷がひどく破片状であり、下段の八枚がほぼ原形を保っていた。したがって、下段の八枚が主になって保管されていた。

楯の保管状況

平城宮跡から出土した木簡をはじめとする木製品は、水中で保管するのが当時は通例であったから、隼人の楯も、一枚一枚が頑丈な木箱に水を貯え、収蔵庫内に保管されていた。したがって、その一箱を前面に引き出すには相応の腕力が必要であり、知人と二人にとってはかなりの労働であった。
箱の中の水は、いつも清浄な状態に保たれているようで、写真を撮っても、渦巻文や三角文の文様はかなりはっきり映っていた。ただし、いずれも墨の文様の部分しか残存しておらず、赤・白の部分は落《らく》

水中保管の楯

剥《はく》していた。

それでも、千三百年前の隼人の息吹《いぶき》が感じとれるようで、しばし見入ってしまった。また、楯の裏面には隼人が手遊《てすさ》びで描いたとみられる落書きの絵や文字も、はっきりと見ることができた。おそらくは、応天門外で長時間待機させられていたと想像されるので、その間の退屈凌《しの》ぎでもあったと思われる。

また、『延喜式』隼人司条の「頭に馬髪を編著」とあった文句が意味するところも、その手がかりを得たように思われた。というのは、楯の頭部の山形に沿って穴がいくつもあけられており、その穴から馬の「たてがみ」が下げられていたのであろう、と想像できたのであった。

隼人の吠声が邪気を払う効力をもつことは、隼人司の他の条文でも見えるので、もう少し述べてみたい。その一つは、天皇の行幸に際しても隼人が随行している。その条文はつぎのようである。

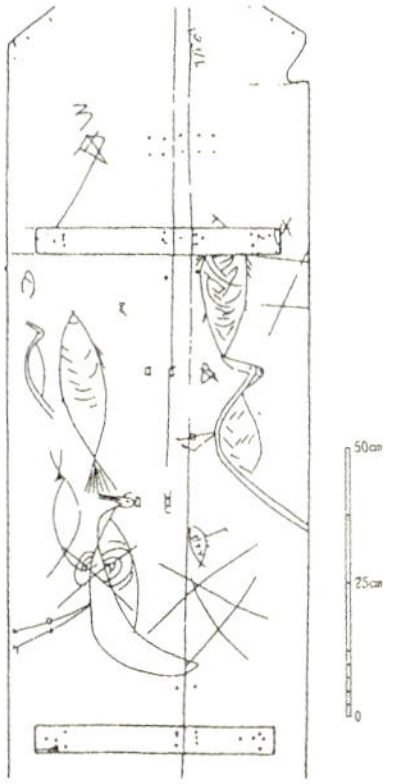

楯裏面の絵（刻書）

楯頭部の穴列（裏面）

> 凡そ遠従の駕行《がこう》には官人二人〈中略〉今来隼人十人を率いて供奉《ぐぶ》せよ。〈中略〉その駕、国界および山川道路の曲《まがり》を経るときは、今来隼人、吠をなせよ。

ここに述べる「遠従の駕行」とは、別の条文に「近幸」の語が見えることからすると、遠方への行幸であり、おそらくは京外に出て、国界を越えて、大和や近江などへの遠路への行幸を指すのであろう。そんな場合には、邪霊の潜《ひそ》みやすい、国界・山川・道路の曲などの手前で吠声を発して、その場所を浄化した後に歩を進めることにしていたようである。

また、つぎのような条文もある。

凡そ今来隼人は大衣《おおきぬ》に吠を習わしめよ。左は本声を発し、右は末声を発せよ。惣《す》べて大声十遍、小声一遍。訖《おわ》らば一人、更に細声を発すること二遍（「左」は大隅隼人、「右」は阿多隼人）

大衣は、隼人のなかの有力者であり、隼人集団を統率する指導者である。その大衣から今来隼人らが吠声について指導を受けるのは、朝廷における儀式に際して、具体的な実地訓練であろうか。また、今来隼人は九世紀初めには南部九州からの朝貢が杜絶していることもあって、畿内の隼人による吠声の練習が必要であったことも考えられよう。『延喜式』の成立が十世紀初めであることを考えると、吠声の担い手であった今来隼人が変質し、その名称のみが継承されていたのではないか、とも想定されよう。

また、この条文によると、吠声には「本声」「末声」「細声」などの区分があり、さらに「左」に該当する大隅隼人が「本声」を発し、「右」の阿多隼人が「末声」を発するなどとあるが、それらの音声の差異については知ることができない。

いずれにしても、天皇の即位儀礼や大嘗祭の儀式、加えて行幸などにも隼人の吠声は重要視され、その呪力が期待されていたことを隼人司にかかわるいくつかの条文が述べている。

隼人をとりまく呪物

呪物とは、呪力を発揮する事物である。隼人の周辺にはそのような呪物が多いようである。また、それらの呪物は赤色と関連しているようでもある。すでに取り上げた隼人の楯では、渦巻文や三角文自体が呪術的意味をもっている。これらの文様は、古墳の内部（多くは玄室や石室）に描かれていることでも知られているが、その色彩は赤色が主体をなしており、その他の白・黒などの色は赤色を引き立たせる役割をもつものとみられる。

つぎには、隼人が朝儀に参加する際の服装には、先掲の『延喜式』の条文に「緋帛《ひはく》の肩巾《ひれ》」を身につける規定がある。肩巾は領巾とも記される。古代の女性が着用し、首から両肩に垂らしたショール様の織物である。それは、単なる装飾品ではなく、呪力を発揮するものであった。したがって、隼人専用のものではなく、古代の女性が着用した例がしばしば見出される。

たとえば、『万葉集』巻五には、

海原の沖行く船を帰れとか
　領巾振らしけむ松浦佐用比売《まつらさよひめ》　（八七四）

という歌がある。この歌は朝鮮半島に出兵していく大伴狭手彦《さでひこ》と松浦佐用姫との悲恋伝説にもとづいて作られた歌であり、このとき佐用姫が領巾を振った地を領巾振峯といい、現在の佐賀県唐津市の鏡山とされている。この歌意からみると、ここでは佐用姫が振った領巾には沖行く船を引き戻す呪力が期待されている。ちなみに、鏡山の頂上には佐用姫の像が建てられている。

つぎに、領巾の色についてみると、『万葉集』のそれぞれつぎの歌が参考になる。まず、

秋風の吹きただよはす白雲は

たなばたつ女《め》の天つ領巾かも　（二〇四一）

この歌では、白雲は織女（たなばたつめ）の領巾と読んでいるところからすると、領巾は白いものだとする古代の人々の感覚がそこに働いているように思える。

また、領巾が用いられた枕詞「栲《たく》領巾」で始まる歌を列挙すると、つぎのようなものがある。

栲領巾の懸けまく欲しき妹が名を
この勢《せ》の山に懸けばいかにあらむ　（二八五）

栲領（細）巾の鷺坂《さぎさか》山の白《しら》つつじ
吾に染《にほ》はね妹に示さむ　（一六九四）

栲領巾の白濱波の寄りもあへず
荒ぶる妹に戀ひつつぞをる　（二八二二）

これらの歌で用いられた栲領巾は、いずれも「懸ける」あるいは「白（「鷺」）にかかるもので、領巾が肩から懸けるものであり、また白いものであったことによるとみられる。鷺が白に通ずるものであることも論を待たないであろう。さらに、これらの歌に共通するように「妹」が使われていることも、領巾が女性に用いられたことを示すものといえよう。

領巾は白いものであるとする古代人の常識は、『古事記』の雄略天皇の条で、天皇の歌として載せられているものでも知ることができる。

ももしきの大宮人は鶉鳥《うずら》
領巾取り懸けて尾行《をゆ》き合へ庭雀
うずすまり居て今日もかも（下略）

この歌では、鶉鳥と領巾とを結びつけている。それは鶉鳥が全体には茶褐色をしながら、首から胸のあたりまで白い班紋があることから、ちょうど領巾をかけたように見えるのでこのような表現がとられたのであろう。また、このような表現の背景に、領巾は白いものとする共通の観念があったことを示唆している。

隼人の領巾（肩巾）

このように、わが国古代の領巾についていくつかの特色をみた上で、あらためて隼人の領巾をかえりみると、その特殊性がよく浮かびあがってくる。

まず、その一つは、領巾は女性が着用するものとするのが一般的であるが、隼人の場合は男・女ともに用いていることである。

『延喜式』隼人司条によると、官人・大衣・番上隼人を除く「自餘隼人」は「皆著二大横布衫、布袴、緋帛肩巾、横刀、白赤木綿耳形鬘一」と規定されている。そして「自餘隼人」のなかに、今来隼人以下の隼人が含まれていたはずであるが、少なくとも今来隼人のなかに男・女がそれぞれいたことは時服の支給が性別に行なわれていることから明らかである。

その点については、領巾が呪力をもつこととも合わせて考えてみる必要もあろう。すなわち、隼人が呪力を発揮する手段に、ほかに吠声があった。吠声は領巾とともに隼人の呪力発揮に効果的であった。領巾が隼人以外にも用いられたことからすると、吠声は隼人のみにみられる固有のものである。そして、その吠声は今来隼人が発することになっていたことを考えると、吠声の場合も男・女ともにかかわっていたのであろう。

古代には女性がより深く呪術にかかわっていたことはよくいわれることであるが、隼人の場合もその傾向はあったとみられる。しかし、隼人の場合は男性でも時により女性に近い呪力を発揮したことが十分に考えられる。そこには、隼人が天皇あるいは皇子の側近でその警護にあたるという役割がからまっていることも考慮する必要があろう。

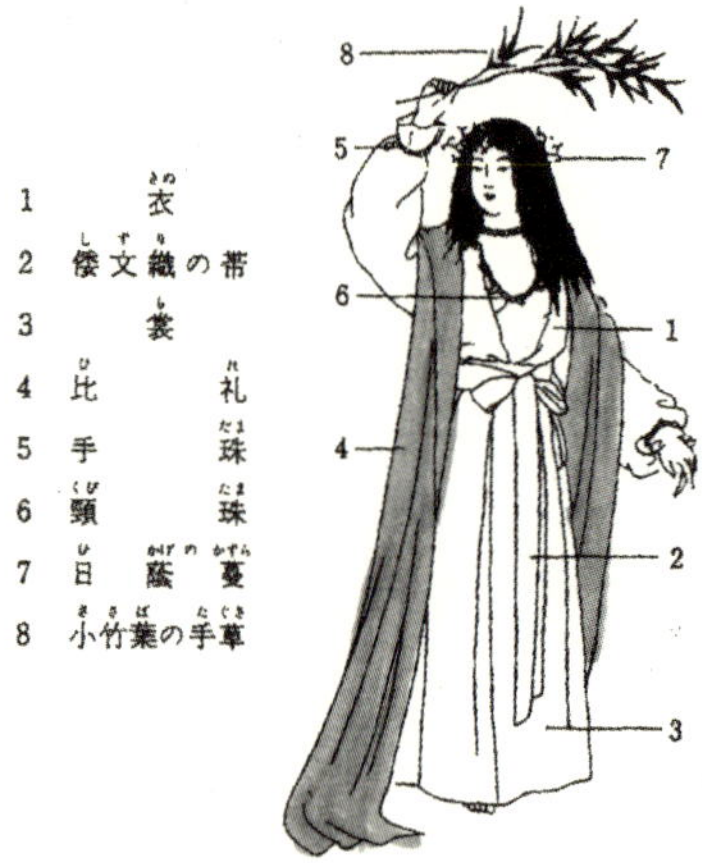

領巾着装の女性

二つには、領巾が一般的には白色であったのに対し、隼人の場合は緋色であったことである。緋色の領巾は他に類例が見出されないので、隼人のみであった可能性が大きいが、緋色の領巾にどのような意味があったのかは改めて問われなければならない問題であろう。緋と同系統の朱・丹などがしばしば墓室や棺に塗られる例はかなり広く見出され、南部九州に固有の墓制である地下式横穴、その他にもその例は見られる。また、日向神話には隼人が赭《そほに》（赤土）を掌や面に塗る習俗をもつかのごとく記されていることなどとともに、今後さらに検討されなければならない。

三つには、隼人の領巾がどこからもたらされたかについての問題がある。これについては、『古事記』に天之日矛《あめのひほこ》が伝えたとの伝承があることや、正倉院に「呉女領巾残欠」があることから、領巾が中国・朝鮮半島からわが国に渡来したことは、まず疑う余地は少ないであろう。しかし、畿内にみられる領巾やそれと同類のものの系統と、隼人の領巾の系統が必ずしも同じとは簡単にはいえないことである。

十章　幻の寺院跡に立つ

小ピラミッド百基

前代未見の寺院跡の話は、五・六年前から聞いていたが、発掘調査中とのことで待たされていた。というのは、調査地は山中であり、現地に行くのは難路の上、途中で対向車に出会うと身動きできない状況だということで、調査が一段落するまで待ってくれ、ということであった。

その時期がやっと来たようで、ようやく現地を訪ねてみた。場所は熊本市内であるが、金峰《きんぽう》山南西部の外輪山の中腹あたりでもあろうか。予想以上に困難な所に立

「百塚」（中央）の立地

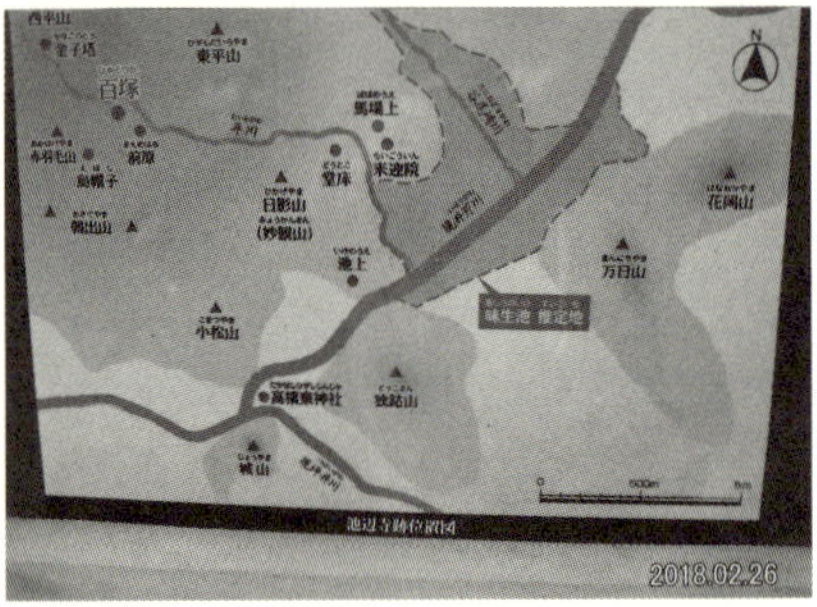

「百塚」一帯

地していた。事前に、熊本市の埋蔵文化財調査室で順路を聞いて出発したのであったが、それでも途中で不安になり、引き返したりした。

　そんなことを数度くり返しながら、やっと現地に辿《たど》り着いた。途中で人に尋ねようとしても、誰一人出会わないので、目的地に近づいているのかどうかも確かめることができないままであった。天候が悪かったら、おそらく途中で諦めたのであろうが、その心配だけはなかった。

　辿り着いた所は、埋蔵文化財調査室で教えてもらった「百塚地区」のようで、一帯の案内説明板が立っていた。

説明は、絵と写真がそえてあったので、現在地が寺の境内地の一角であることが判明したが、境内地全体が斜面であり、周囲はミカン畑ばかりの場所であった。その斜面の一端を平地状に削り、寺の伽藍《がらん》を建てたようで、その礎石の配置から想定すると、各建物は密集状態の感じであった。

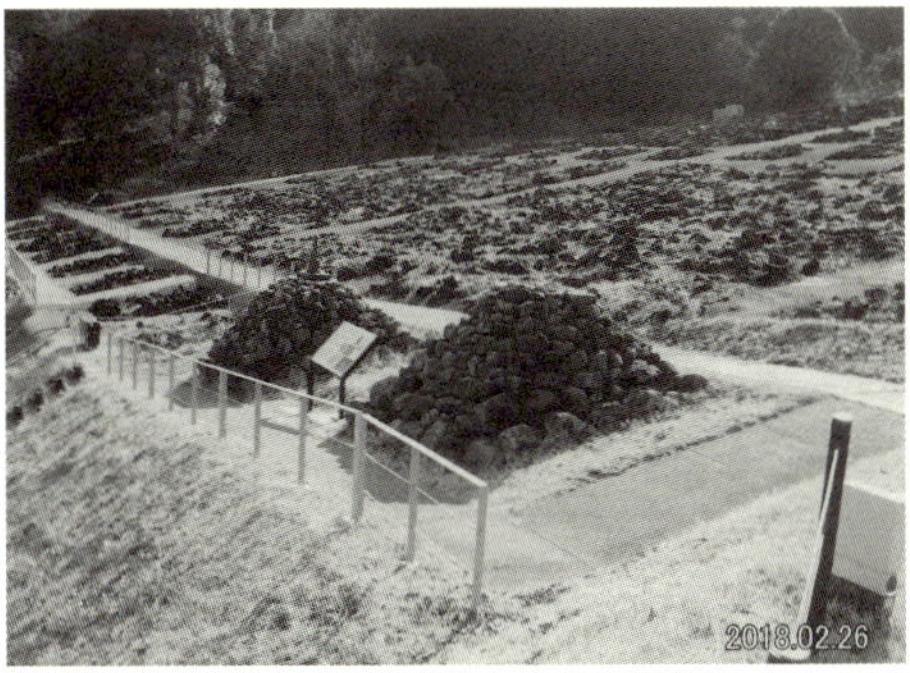

「百塚」石塔の復元

ところが、伽藍の背後の斜面は広域にわたり、不思議な広場が開けていた。そこには、タテに十列、ヨコに十列の小ピラミッドが造られていたらしく、いままで見たことのない寺院の風景である。「百塚」の名の由来は、この景観によるものであった。塚の名称からすると、盛り土を想像するのであったが、ここの塚は大小の石を四角錐《すい》状に積み上げたもので、まさに小ピラミッドが百基、整然と配されていたように見えた。

筆者はこれまで、各地で寺院および寺院跡を見学してきたが、このような遺構の寺院に出会った

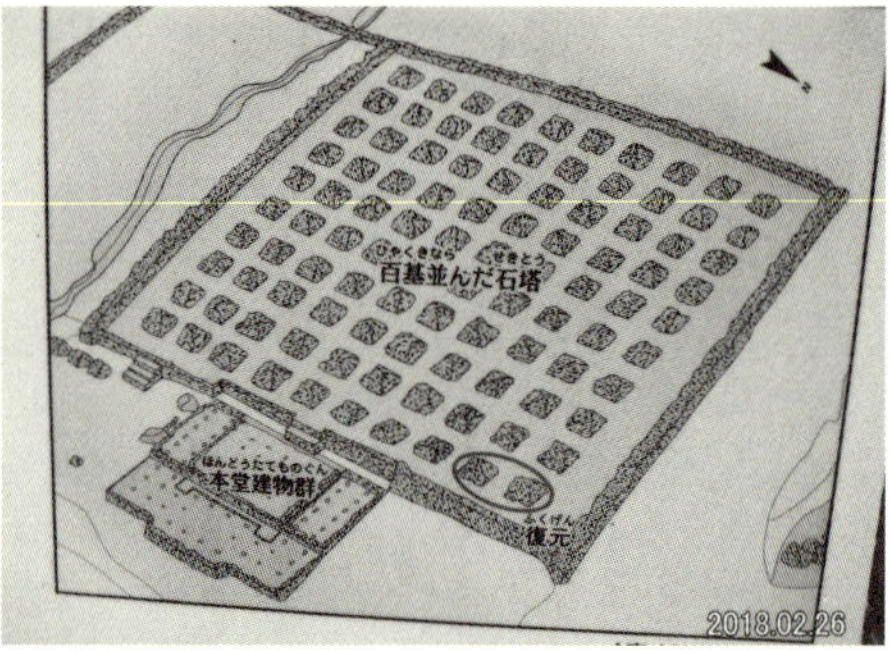

石塔復元の全体模型

のは、はじめての経験であった。それだけに、眼前の情景にしばし動揺を感じ得なかった。小ピラミッドは、一辺が二メートル余ほどと目測したが、それがタテ・ヨコ規則正しく十列に並び、碁盤格子《ごばんごうし》の碁石を配列したように、なぜ築造されたのであろうか。

この寺院は発掘された遺物などからすると、九世紀初頭の造営とされており、池辺寺《ちへんじ》の遺構とされている。地辺寺は八世紀以後、時期によって寺地を移しながら、周辺に建立され、明治初期の廃仏毀釈まで存続したが、百塚以外のその伝承地の遺構はいまだ調査されていないという。

それでも、江戸時代に作成された『池辺寺縁起絵巻』が伝存しており、池辺寺の沿革を知る手がかりとなっている。また、六国史の一書である『続《しょく》日本紀』に、その伝承に関連する記事があり、奈良時代に遡《さかのぼ》る可能性を秘めている。

『続日本紀』養老二年（七一八）四月の記事によると、肥後守《かみ》を務めていた道君首《みちのきみおびと》名《な》は田地の潅漑用として、肥後国に味生池《あじふのいけ》を築いて百姓たちを助けた。ところが、先掲の『絵巻』によると、この地に悪い龍が棲《す》み人びとを困らせたため、池の龍を鎮《しず》めるために池辺寺が創建されたと伝えている。

この味生池は後世になって加藤清正によって埋め立てられて水田になったともいわれているが、いまは住宅地になって、その痕跡しか残っていない。しかし、池辺寺への途次に、高所からその池の跡地一帯を遠望すると、かつての池の所在地の輪郭がほぼ推測できるようである。

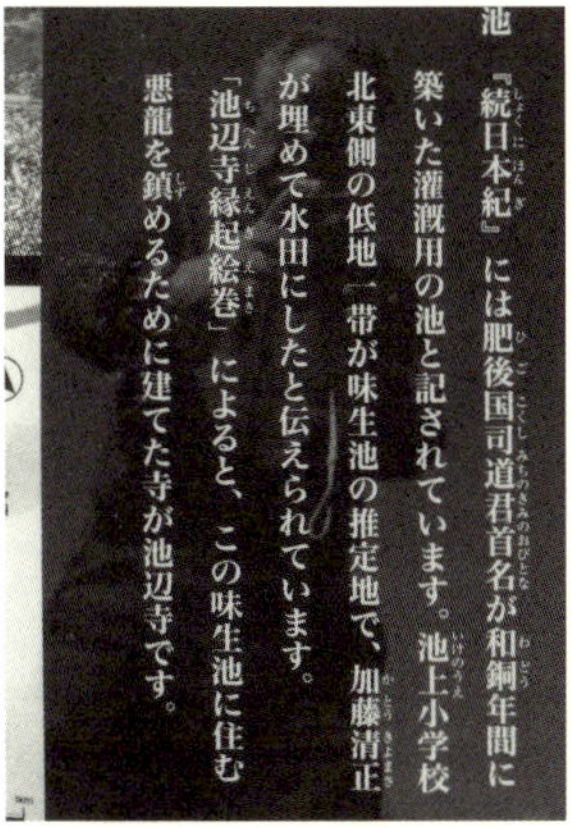

『続日本紀』の文章を引用した説明文

薩摩国への移民

ところで、池辺寺や味生池の旧地は、かつては肥後国飽田《あきた》郡に属しており、八世紀初頭に薩摩国が成立する時期には、この飽田郡から薩摩国府周辺に移民が送られたことが分っているので、飽田郡と薩摩国とは古代には縁があったようである。このあたりの事情について少し述べてみたい。

南部九州の薩摩・大隅の地域は、七世紀までは日向国の一部であった。この広域な地域を分割して支配しようとして、八世紀初頭になると、ヤマト政権は薩摩国、ついで大隅国を成立させている。しかしながら、二国の地域はハヤトと呼ばれる蛮族の居住地とされていたため、外部の地域から移民を送り、ハヤトの教化をはかった。

その際、薩摩国の地域には肥後国の住民を、大隅国の地域には豊前国の住民を主として移したようである。その移民の移住先は薩摩・大隅のそれぞれ国府所在地を中心としていたようである。それぞれ二百戸が移住しているので、当時の大家族的家族構成からすると、四千〜五千人の移民が両国府周辺に居住して、国府の守衛にあたるとともに、住民の農業指導に努めたとみられる。

そのような移民のうち、薩摩国に移された肥後国の住民の出身地が、同国の合志《かわし》・飽多《あきた》（田）・宇土《うと》・託萬《たくま》の四郡の地域であった。これらの都は、いずれも肥後国の中心部より北半に属する地域で、薩摩国とは隣接していないので、その間の往来は容易でなく、大宰府の指令のもとで、かなり政策的配慮のもとに実施されたと見られる。

薩摩国府の所在地は、川内川の北側に立地し、JR上川内《かみせんだい》駅との間までに立地していたと推定されている。また、古代の郡郷名を記した『和名抄《わみょうしょう》』によると、高城《たかき》郡に属しており、郡内に、合志・飽多・宇土・託萬の四郷《ごう》の郷名が見えるので、肥後国の四郡からそれぞれ一郷（五十戸）に該当する住民が強制的に移されたと推測できる。

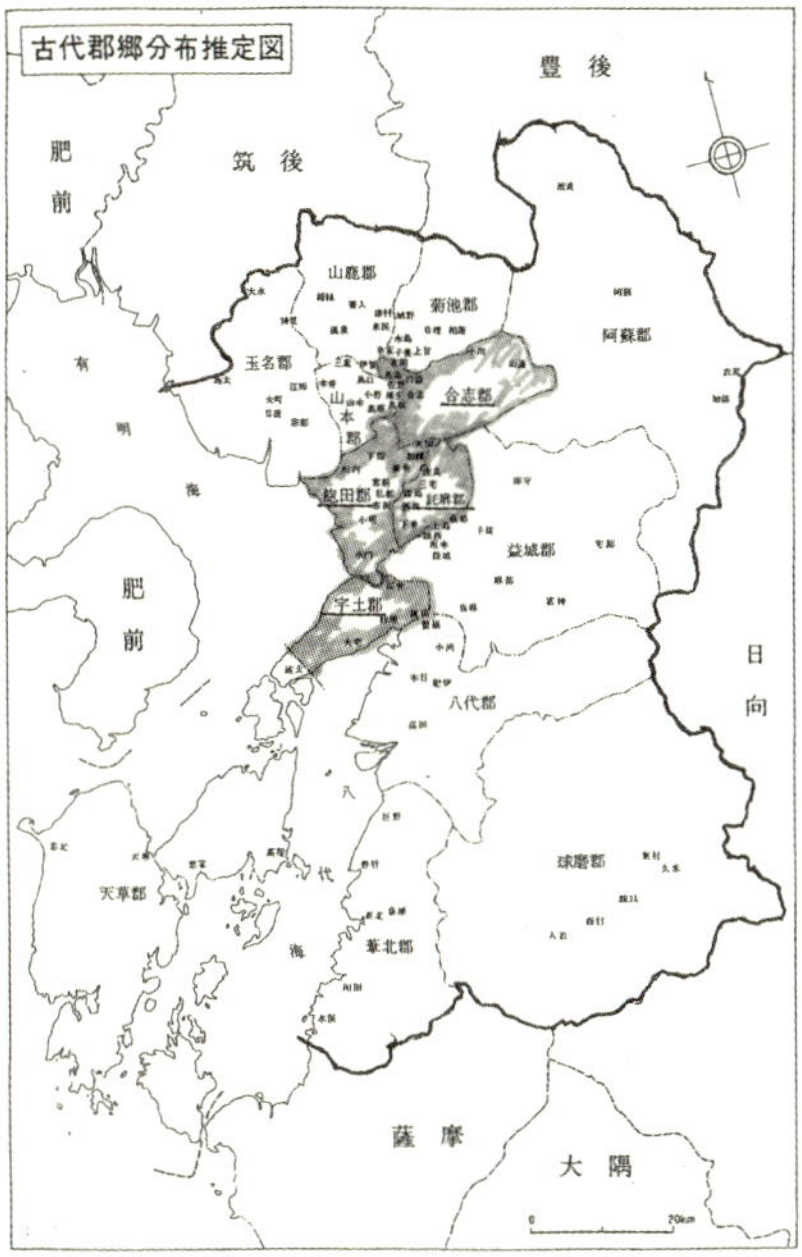

肥後国の郡分布（移住四郡）
移住者の本貫地

しかしながら、現在の薩摩川内市の地名から、それらの郷名の跡地を探索するのは困難な状況にある。したがって、出土する遺物などから肥後の文化に類似するものがないかを、丹念に調査することに期待するしかないようである。

　また、薩摩国分寺の経営に当たっては、肥後国からの支援があったことが、古代の史料から判明しているので、国分寺関連の出土遺構や遺物に、肥後国の影響を示唆するものがないかを注意することも必要であろう。

　さらには、薩摩国分寺跡地の近くの京田《きょうでん》遺跡から、二〇〇一年に出土した木簡に条里制にもとづくと見られる「九条三里一曾」の墨書の表記があったことから、この地域の地割制にも肥後国との関連性を、今後にわたって精査することにも配慮したい。

　肥後国飽田郡には、八世紀初頭に味生池が築造されて水田稲作に効果を挙げつつあった。その実状を体験していた移民の技術は、薩摩国の農業技術の指導にも活用されたことが推測されるのであるが、その具体的様相を知る手がかりは、現在までのところ判明していない。

　また、百塚以前に奈良時代に飽田郡内に寺院が建立されていたとの伝承はあっても、その遺構・遺物の調査は進んでいない。したがって、飽田郡から薩摩国に移された住民の仏教に関連する知識については知ることができない。

そのいっぽうで、天平八年度（七三六）の『薩摩国正税帳』（正倉院文書）によると、薩摩国では十一人の僧侶が定住して、それ以前から「依例正月十四日」には金光明経などの読経などを行なう仏教行事が続けられていたことが記されている。このような行事を行なう僧侶たちが、どこから薩摩国に派遣され、定住するようになったのかを考えるとき、隣国の肥後国を除いて考えることは、できないように思われる。

百塚の宗教的背景

池辺寺と総称される寺院のうち、その遺構・遺跡が一応明確に判明しているのは、百塚と呼ばれる地域にある寺院のみであり、九世紀初頭の造営とされているので、中央では都が奈良から京都に移って間もない時期である。

この時期には、仏教界にも大きな変化が見られる。奈良時代には南都《なんと》六宗と一括される三論《さんろん》・成実《じょうじつ》・法相《ほっそう》・倶舎《くしゃ》・華厳《けごん》・律《りつ》の各宗は、後世の宗派のように信仰を異にする教団ではなく、仏教教学を研究するグループであり、東大寺などには、数派が同時

「本堂」の復元模型

に存在していた。ところが、平安時代になると、天台宗・真言宗のように後世の宗派にあたる色彩が濃厚になってくる。

平安時代になると、仏教にはもう一つ大きな変化が見られる。それは、寺院の立地が平地から山へ移ったことである。その典型が、比叡山の延暦寺（天台宗）であり、高野山の金剛峯寺《こんごうぶ》（真言宗）である。このような立地の変化の背景には、政策的動向もあったが、仏教自体の思想的深まりもあった、と筆者は見ている。

というのは、僧侶の修行の過程で山岳的要素が重要視されるようになり、日本的仏教の形成が進んだことによる。そこには、日本古来の神観念が、仏教思想に融合した神仏習合への萌芽が見られる。

日本古来の神観念には、山岳は不可欠な存在であった。天上から降臨した神は山に宿っており、春になると、人びとの生活している里《さと》に下り来て、農耕を見守り、秋

「本堂」の礎石（出土状況）

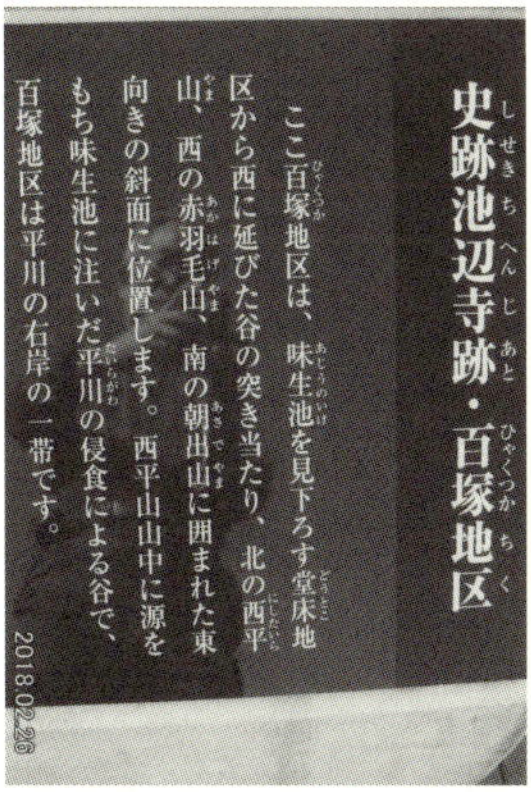

史跡池辺寺跡《しせきちへんじあと》・百塚地区《ひゃくつかちく》
ここ百塚《ひゃくつか》地区は、味生池《あじうのいけ》を見下ろす堂床地区から西に延びた谷の突き当たり、北の西平山、西の赤羽毛山《あかはげやま》、南の朝出山《あさでやま》に囲まれた東向きの斜面に位置します。西平山山中に源をもち味生池に注いだ平川《ひらかわ》の侵食による谷で、百塚地区は平川の右岸の一帯です。
2018.02.26

「百塚」と「味生池」の関係

には収穫を見届けて山に帰って行くと人びとは考えていた。その山は、人びとに水をもたらし、食を恵み与えてくれる存在である。仏教が日本人の生活に浸透するためには、山岳信仰の影響は看過できないものであったはずである。

さらには、神観念にも変化が生じている。というのは、日本の神には仏教における仏像のように、神は姿を見せなかったが、「八幡大菩薩」のように神に菩薩《ぼさつ》号をつけて、神像を出現させることも見られるようになり、神仏習合が具体像をともなうようにもなっている。

しかし、このような変化が平安時代に起こったとするのは、いわば通説であり、教科書的でしかない。筆者は、日本固有の神観念を主とする宗教世界に、仏教が伝来して広まる背景には、神概念に同化しようとする仏教の変化が早く起こっており、神仏習合の傾向は、奈良時代にはすでに生じていたと見ている。

神概念は、それぞれの地域の風土に根ざしたものであり、多様でもあった。そこに外来の仏教が浸透するのは容易なことではなかったと思われる。それは、政治の上層部の政争の具や支配の手段に利用されても、一般民衆の日常的信仰とは遊離したものであった。

また仏教信仰には、造寺・造仏（像）がともなうので、相応の財力が必要であり、さらに読経や写経のための識字能力も求められたので、民衆の能力とは隔絶しており、一部の豪族層に受容されるのが限界であったと思われる。

山岳信仰と神仏習合

仏教が民衆に受容されるためには、仏教の日本化が必須の条件であった。そのために仏教からの日本固有の神信仰への接近がはかられた。そこに、仏教が山岳信仰に傾斜する一つの側面があった、と筆者は見ている。

そのような仏教の傾斜に、政策が相乗して山岳寺院が各所に造られるようになり、平安時代の初頭に顕著になったのであろう。しかし、その傾向は、奈良時代にはすでに見られるようである。天平末年（七四九）に没した行基《ぎょうき》が葬られたのは大和生駒《いこま》山の竹林寺であった。


仏教の山岳宗教への接近は、神仏習合への道でもあった。日本固有の神の信仰は、前述したように山岳信仰であり、樹木や岩石を「依《よ》り代《しろ》」として神は降臨するのであったが、その「依り代」はいずれも山に存在するものであり、また水も山から里《さと》へ流れて川となり、人びとの生活に資するものであったから、山の神は日本的信仰の根本であり、根源であった。

神仏習合は、しばしば本地垂迹《ほんじすいじゃく》とか、仏主神従とかいわれ、仏教が主であり神はそれに従う存在から始まったように説かれる。しかし、筆者は反本地垂迹ないしは神主仏従が本来の姿ではなかったか、とも考えている。

いずれにしても神仏習合は、以後千年以上も日本人の精神的支柱として永続し、そこに矛盾を感じることは、ほとんどなかった。したがって、日本の家庭には仏壇と神棚が併置され、日本人は毎朝その両者に祈り、拝礼していた。

ところが、明治初年に神仏分離（判然）令が政策として発せられ、両者は形式上は分離・分断されるようになった。しかし、千年以上も持続した精神的支柱は、容易には分離されず、多くの日本人はその後も神社への参拝と寺院への出入りを以前と変らず続行しており、大晦日《おおみそか》には除夜の鐘を聞き、翌朝には元日の神社詣りを抵抗なく行なっている。

ここまで述べてくると、肥後に百塚が構築され、池辺寺が築造された思想的背景に、いくらか接近したように思われる。

結論から先行させると、この池辺寺は神仏習合の初期の様相を、地域住民に視覚的に現出させた一例であろうと、筆者は見ている。池辺寺は、立地する所自体が山中であった。その所在地について、すでに述べたように容易には行けない場所である。そこは神の降臨する所であり、神の「依り代」の所在する所である。

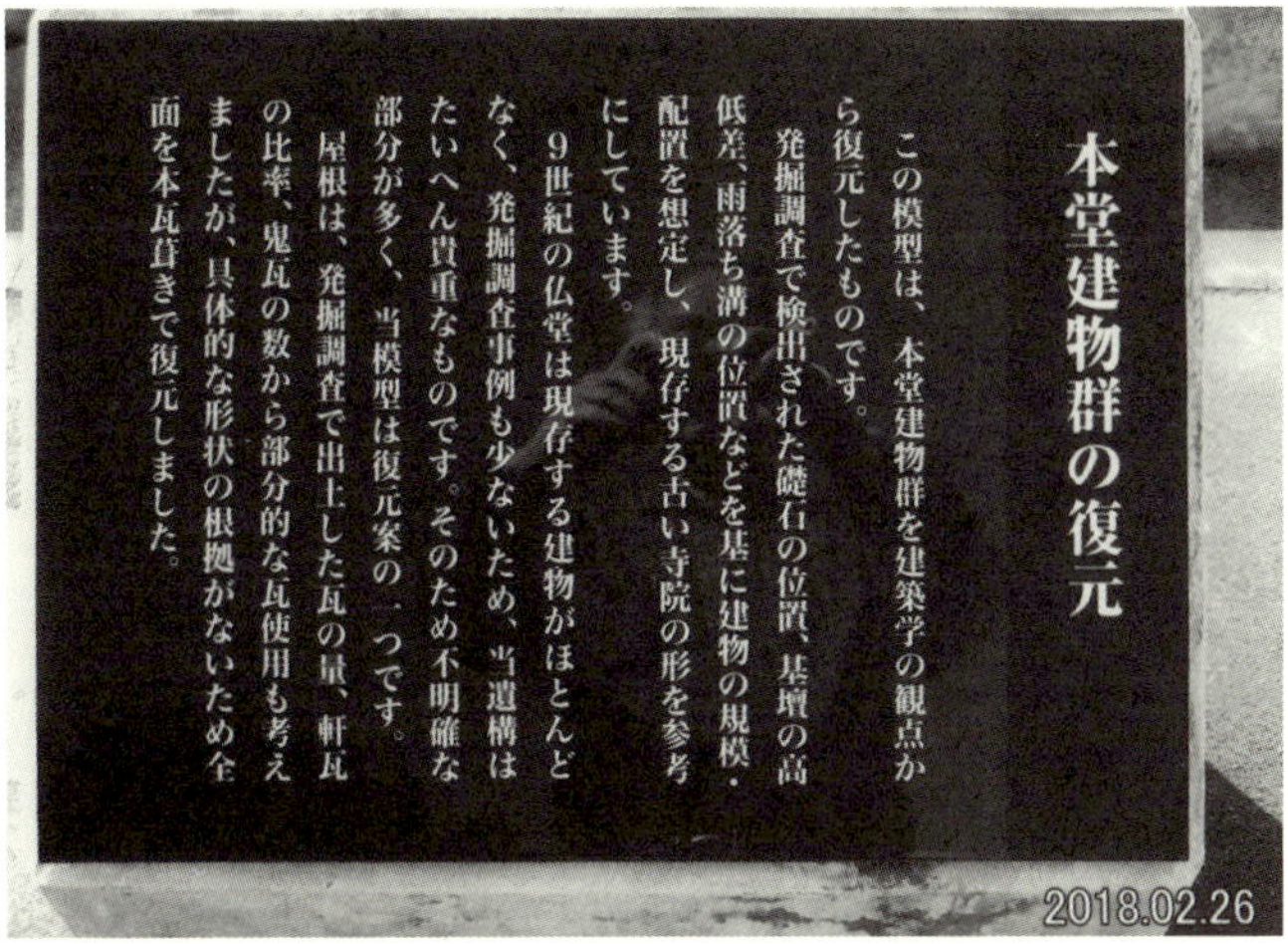

「本堂」復元の説明

また、この山の麓には「味生池《あじふ》」があり、その池へは山から流れ出る水が貯えられ、人びとに水の恵みをもたらしていた。その水が極度に増減すると、水神である「龍」の怒りが生起したようで、龍にまつわる伝説が伝存している。

池辺寺の奥には多くの四角錐状の塚が構築され「百塚」と称されているが、これらの塚は、その一つ一つが山を表現しており、そこには神々が集中して降臨する山々が観念されていたはずである。

そられの山々が所在する入口にあたる正面には、小規模な寺院の堂宇（本堂）が築造されており、その寺院は「池辺寺」と称され、味生池の守護と維持に努めていた。

そこに、筆者はこの地域の神仏集合を見たのであった。このような筆者の想定が確かなものかどうか、については今後の調査の進展も待たねばならないが、現時点においては筆者なりの一つの想定結果としておきたい。

また、百塚をめぐる修行が池辺寺の僧侶たちに課せられていたのではないかと思考するのであるが、それは想像の域を出ない。

十一章　国民学校と新制中学

国民学校一年生

国民学校という名の学校が存在したことを知っている人は、いまでは少ないのではないだろうか。まして、国民学校に在学した経験のある人が、読者の周囲にいるだろうか。

国民学校は昭和十六年（一九四一）から短期間存在した小学校である。日本国全土はもちろん、海外でも日本の支配下にあった地域で小学校があった所は、国民学校に名称を変更したという（海外引揚者の話）。そこで、国民学校令を掲出してみよう。

国民学校令

第一章　目的

第一条　国民学校ハ皇国ノ道ニ則リテ初等普通教育ヲ施シ国民ノ基礎的錬成ヲ為スヲ以テ目的トス

第二章　課程及編制

第二条　国民学校ニ初等科及高等科ヲ置ク但シ土地ノ情況ニ依リ初等科ノミヲ置クコトヲ得

第三条　初等科ノ修業年限ハ六年トシ高等科ノ修業年限ハ二年トス

いまでは、あまり使わない「皇国民」という文句があるが、これは天皇の治める国の民という意味で、大日本帝国憲法（明治憲法）では、「天皇ハ国ノ元首ニシテ統治権ヲ総攬《ソウラン》シ、此ノ憲法ノ条規ニ依リ之ヲ行《おこな》フ」と定められていたので、天皇は立法権・行政権・司法権のすべてを掌握し、その統治権の下にある皇国民の意である。

したがって、現在の日本国憲法が規定する国民主権下の天皇と国民のありかたとは大きな差があり、現在では理解しにくい内容になっている。要するに「皇国民」とは、天皇の命令に忠実を尽くす国民の意であり、国民学校はそのような国民の育成をめざしていたことになる。

　筆者も、そのような国民学校に入学した一人であり、このような歌を歌っていた記憶がある。

日用代用品
陶製アイロン（左上）、竹製ランドセル（右上）
紙製ヘルメット（左下）、コンロ（右下）

ミンナデベンキョウ　ウレシイナ
　コクミンガッコウ　一ネンセイ

　当時は、一年生でカタカナを習い、二年生になると、ひらがなを教わった。国民学校に入学したのは北九州市（現、戸畑区）の戸畑国民学校で、当時としては珍しかった革製のランドセルを背負って通学していた。

　しかし、その後は父親が死没（戦死）、居住地域は疎開《そかい》の対象となり、知人を頼って鹿児島に移住し、住居を転々と移し、転校を重ねるなど苦難が続いたが、筆者は子どもだったので、それほど苦痛を覚えていない。それでも転校した国民学校のうちの二校は戦火で焼失してしまったので、五・六年生の授業はあまり受けられず、卒業証書も手元には残っていない。記憶をたどっても、卒業式はなかったのではないかと思う。

それでも、戸畑国民学校時代の通信簿は残っている。それを見ると、国民科・体錬科などの科目名があり、裏表紙には「国民学校令」が全面に印刷してある。その第四条には、各科に属する教科の説明があるので、掲出すると、つぎのようである。

第四条　国民学校ノ教科ハ初等科及高等科ヲ通ジ国民科、理数科、体錬科及芸能科トシ高等科ニ在リテハ実業科ヲ加フ

国民科ハ之ヲ分チテ修身、国語、国史及地理ノ科目トス

理数科ハ之ヲ分チテ算数及理科ノ科目トス

体錬科ハ之ヲ分チテ体操及武道ノ科目トス但シ女児ニ付テハ武道ヲ欠クコトヲ得

芸能科ハ之ヲ分チテ音楽、習字、図画及工作ノ科目トシ初等科ノ女児ニ付テハ裁縫ノ科目ヲ、高等科ノ女児ニ付テハ家事及裁縫ノ科目ヲ加フ

実業科ハ之ヲ分チテ農業、工業、商業又ハ水産ノ科目トス

前五項ニ掲グル科目ノ外高等科ニ於テハ外国語其ノ他必要ナル科目ヲ設クルコトヲ得

このような科目名を見ていると、戦時体制に国民学校も組み込もうとする意図が読みとれる。国民学校令が施行された昭和十六年は、アジア・太平洋戦争に突入した年であり、この戦争は「大東亜戦争」と呼ばれていた。

その名称の由来は、ヨーロッパの大国の植民地になっていたインド・マレーシア・カンボジア・ベトナムなどや、アメリカの植民地になっていたフィリピンなどを解放し、日本を中心とする大東亜共栄圏《だいとうあきょうえいけん》を築くための戦争という名目にもとづく名称である。

ぜいたくは敵だ

この戦争遂行のために、国民生活はさまざまな制限を強いられ、衣・食をはじめ、日用品の節約が加えられていた。女性のパーマネントも制限され、そのための歌が

戦時中の服装
（小学校の教科書＝日本文教出版より）

子どもたちによって合唱させられたようで、筆者にもおぼろげな記憶が残っている。こんな歌詞だった。

パーマネントに火がついて　みるみるうちにハゲ頭　ハゲた頭に毛が三本　アアやめましょうやめましょう
パーマネントはやめましょう

　パーマネントは欧米女性の風俗の真似であるばかりでなく、電力を大量に消費したようである。その電力の節約のために、子どもたちが利用されたのであろう。筆者はまだ幼かったので先輩たちの後について、パーマネントのお姉さんが通ると、その前後に立ちふさがるようにして歌っていた。いずれにしても北九州でのことである。

　いま調べてみると、昭和十三年（一九三八）に国家総動員法が施行され、政府は国力を最高度に発揮できるよう、人的・物的資源を自由に統制し運用することができるようになり、社会・経済生活のほとんど全分野にわたり、政府の独裁が認められるようになった。

　以後は、メーデーの禁止、着用する衣服は女子はモンペを常服とし、男子は軍服規格の国民服を強制された。また、白米は使用禁止され、米の配給通帳制が始まり、成人は二合三勺（約三三〇グラム）とされたが、のちには米の遅配で、代わりにサツマイモ・ジャガイモになり、さらにコウリャン・トウモロコシ、ついにはドングリまで主食となった。さらには、食用になる虫の紹介があり、代用食になった。

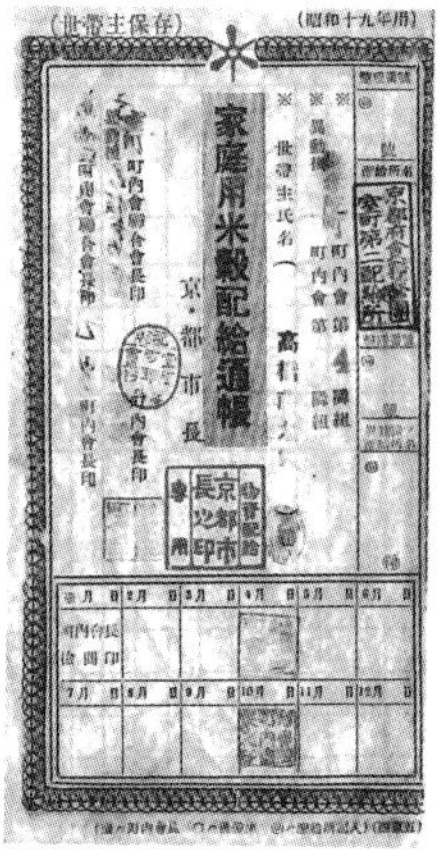

米穀通帳

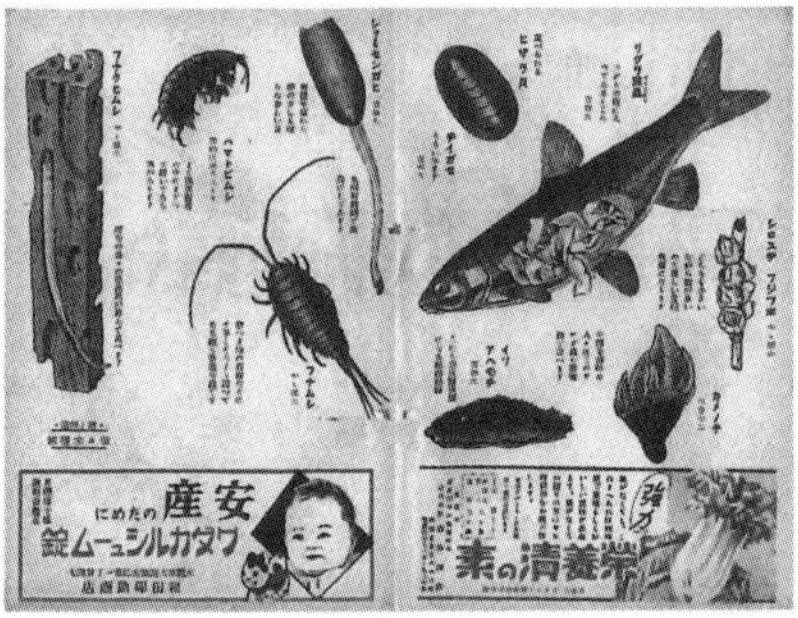

代用食の紹介（虫類）

　その他の食料も配給となり、ネギ・魚なども、三日間隔あるいは五日間隔にわずかの量が支給された。また、衣料は一年に一人一〇〇点以内の点数切符制になり、学生服は三二点・ワイシャツ十二点などと制限されていた。

いっぽう、昭和十七年四月の東京初空襲以後、全国へ空襲が拡大し、終戦までには三〇〇万戸が焼失し、国民は心身ともに疲労困憊《こんぱい》に陥った。

それでも「ぜいたくは敵だ」の標語が貼られて、耐乏生活が強いられた。若者のなかには、この標語に反発し、「敵」の字の前に「す」の字を落書きして入れ、ステキダと読ませる知恵者もいた。

終戦と避難生活

ついに、昭和二十年（一九四五）八月十五日に終戦（敗戦）となったが、筆者にはこの日以後、数か月にわたる逃亡避難生活が始まった。

筆者は其の頃、鹿児島市内の天保山に住んでいた。与次郎《よじろう》ヶ浜（干拓以前）の海岸を目前にして、その向かいには桜島がすぐそこにあった。景観にすぐれ、遊び場にも恵まれていた。

ところが、終戦とともに海岸から米軍が上陸してくるので、「すぐ避難せよ」との情報がもたらされ、親子五人全員で持てるだけの荷物を持って、とりあえず家を出て鹿児島駅へ急いだ。北の方向の山中へ逃げるのがよい、とのことであったが、そんな所に知り合いもなく、とりあえず肥薩線で熊本県の人吉に向かった。

後日、訪れた肥薩線「大畑駅」

当時の鹿児島駅は爆撃で駅舎は崩壊しており、仮りの乗降場が北側の多賀山寄りにあった。国民学校生であった筆者の記憶は、部分的にはあいまいな所も少くないが、天保山から鹿児島駅まで、荷物を担いで急いだことだけが頭に残っている。

父に次いで兄も戦死して、残されていたのは、母と姉二人、それに弟の五人での逃亡非難であった。その日の夜は、列車が大畑《おこば》駅で停車したまま動かなくなり、人吉までの夜道を歩き、たどり着いた人吉駅前の広場にフロシキを敷いて横になったのをかすかに憶えている。

後日、その大畑駅を訪ねたことがある。高台にあるその駅は、古い駅舎が残っており、レールはここで行き止まり状になっていた。この駅で列車はスイッチバック方式で急傾斜を昇り、次の人吉駅に向かうことになっていたのである。終戦時の機関車は動力不足だったのであろう、この難所でストップしたのであった。

筆者の家族五人は人吉駅前で夜明けを迎え、翌朝は「肥後西村《にしのむら》」という駅まで湯前《ゆのまえ》線で移動し、駅から一キロほど北にある集落の地蔵堂のような建物を借りて、住むことになった。一帯は梨の産地で、収穫時期であったが、当時の交通事情では外部への搬出も思うようにできず、われわれの空腹を、しばしば満たすことになった。

そのうちに、鹿児島の情報も間接で聞こえてきて、ほぼ安全だと分り数ヵ月後に帰鹿したのであったが、天保山の我が家は荒らされて、飼っていた数羽のニワトリまで消えていた。いまだに筆者は、あの時の「米軍上陸」のニュースがどこから発せられたのか、その発信先の所在がつかめないでいる。

鹿児島に帰っても、学校は空襲で焼失したままで、仲間と海岸で遊ぶ日々であった。そのうちに、商船学校（現、鹿大水産学部）の校舎を借りて授業が始まったが、登校しても教科書を焼失した者、家がどこかに移った者などで、まともに勉強できる

愛国カルタ（公募により作製）

日本領域

状況ではなかった。また、教科書も戦時色の部分を墨で消す作業があり、混乱状態が続いていた。

戦後の学校では教室不足で二部授業が行なわれていた。午前中の組と、午後の組とに分れてのクラス編成であった。その間で、教科書も融通し合い、自分の教科書という意識もうすかった。さらには、海外からの引揚げ者が少しずつクラスに編入して、方言では通じない者が増えてきた。

海外とは、明治以後の戦争で日本領となった外国で、朝鮮半島・台湾・満州《まんしゅう》などの地域である。満州とは、現在の中国東北部であり、日本領ではなかったが、日本の勢力が強くおよんでいた地域で、日本からの移住者が多かった。

このように、国民学校はその終末期には混乱の連続であったが、昭和二二年三月には、もとの小学校の制度に戻った。同時に中学校も新制のもとに義務制となり、同年四月からは、いわゆる六・三制がスタートすることになり、現在に至っている。

新制中学校スタート

戦後の教育制度の改革に関する学校教育法は小学校・中学校について、つぎのように規定している。(抄出)。

第十九条　小学校の修業年限は、六年とする。
第三七条　中学校の修業年限は、三年とする。
第三九条　保護者は、子女が小学校の課程を終了した日の翌日以後(中略)満十五才に達した日の属する学年の終りまで、(中略)就学させる義務を負う。

この法律によって、従来の六年間の義務教育は、九年間に改められ、小学校の卒業生は全員中学校に進学することになった。

しかしながら、法律は施行されても、焼失した小学校校舎の復興も不十分な状況での中学校の新設は容易ではなく、仮校舎ばかりが目立った。筆者は、この時期に新制中学に入学したのであったが、中学校とは名ばかりで、みすぼらしい教室であった。その一例を述べてみたい。

筆者が入学した中学校は、いまの鹿児島市立美術館の焼け跡で、その前身は市立歴史館であったらしい。建物の外観はほぼ残っていたが、屋根はなく、窓のガラスもなかった。屋根は板で急ごしらえしたものの、大雨の日は雨もりがひどく、授業はしばしば中断したし、休業にもなった。机も間に合わず、一時は家から簡素な座り机を持って行ったこともあった。

それでも、鹿児島市立第三中学校の名称で、校区は鹿児島市の中心部をほぼ占めていた。学校の道路向かいは公会堂（現・中央公民館）が残骸だけになっており、この建物も屋根はなかった。建物の正面入口は、現在もある広い階段状で、そこでクラス写真をとった。その写真を見ると、靴をはいている者は少数で、はだし、ぞうり、下駄などさまざま。また、身長も隔差があるだけでなく、顔付きに年齢差を感じる。小学生と高校生が中学生の中に混じっているようである。

そう感じるのは、海外から引き揚げてきた生徒は、一年~数年は遅れて編入したせいである。また服装はまったく多様で、一見すると、浮浪者の集まりのようである。

教師をそろえるのも大変ではなかっただろうか。男性教師が多かったが、そのほとんどは元軍人で、授業の合間に戦地の話をすることがあった。いっぽう、生徒のなかには教師の能力に疑問を感じている者もいた。その背景には、体育の教師が英語の教師を兼ねたりすることから、授業内容に不満をもっていたようである。

にわか造りの中学校には、運動場がないことから、休み時間や放課後には同じ敷地にある西郷像のある小山を遊び場にし、銅像に登る者もあった。しかし、いたずらが過ぎると、旧軍隊式の懲罰が待っていた。容赦ない体罰や連帯責任に、しばしば泣く者が出た。

その仮校舎から、ようやく新築校舎に移ったのは、二年生の中頃か終わりごろではなかったかと思う。国道10号線の高架から見下ろす、現在の長田中学校である。ようやく運動場のある校舎で遊べるようになったが、しばらくの間は名山《めいざん》小学校と同居していたから、小学生に危険をおよぼすような遊びは禁じられていた。

新校舎は、教室と机・腰掛、それに黒板があるだけで、教具などはほとんどなかった。三年生になると、担任でもあった音楽の教師が、ピアノが搬入されるというので、手伝わされた。ピアノは、小学校五年生のとき学校が焼けて以来、見たことがなかった。ピアノばかりでなく、オルガンも長い間見てなかったような気がする。

小学校時代の音楽の時間については、思い出すことがある。それは、「ハニホヘトイロハ」で音階を教わったことである。いまでは当たり前の「ドレミファ・・・」を、外国語を禁じられたことで、始められた日本語の音階であった。

そんな音楽教育であったから五線譜とか、世界的音階などは、年齢がかなり進んでから知ることになった。したがって、いまでも楽譜を読むことは苦手である。ふと口から出てくるのは、軍歌調や儀式のときの歌で、天長節（天皇誕生日）の歌とか、紀元節（建国記念日）の歌などである。

小学校六年生の音楽の評価を先生がつけるとき、一人一人、前に呼び出して、何でも良いから一曲ずつ歌わせたことがあった。それまで、音楽の授業は全然なかったから、一人ずつ好き勝手に歌った。やはり軍歌調が大半であったが、ある一人はナニワ節をうなり、仲々上手で、多くの拍手が起こった。

いまでも同窓会などがあって、昔話に花が咲くと、このときのことが話題になったりする。そして、音楽に縁のない時代に育ったことに苦笑しつつ、いっぽうでいまの若者たちの歌は理解できず、「あれは騒音に過ぎない」などと揶揄《やゆ》嘲弄《ちょうろう》するありさまである。

ふり返ると、筆者の育った時代は戦争に翻弄《ほんろう》されていたのであったが、「米英撃滅」とか、「欲シガリマセン、勝ツマデハ」などの標語のもと、戦争の勝利を疑うことなく、自分もやがては軍人になって、お国のために尽くすことを夢見て、おどらされていたようである。国民学校低学年の頃から、学校からの帰り道に数人で合唱していた歌を、いまも思い出す。

ぼくは軍人大好きだ。いまに大きくなったなら、勲章つけて剣さげて、お馬にのって、ハイドウドウ。

この歌が、ふと口から出ることがある。そのことに気付いて、ひとり言をいっている。「よくもまぁー、バカな戦争をしたものだ」と。これらの少年時代の体験は、筆者の負の記憶として、生涯消えることはないであろう。

十二章　室生寺と女人禁制

五重塔は檜皮葺

久しぶりに室生寺《むろうじ》を訪ねた。二十年振りであろうか。前回拝観の直後には、台風によって五重塔が損傷したニュースを鹿児島で聞いた。確か台風十九号ではなかったかと記憶している。五重塔の近くの杉の大木が五重塔に倒れかかったのであった。筆者の好きな塔であったから、自分が傷つけられた思いであったが、それから数年後には損傷部分の復旧が終わった、と聞いて一人ホッとした。

大神神社

JR奈良駅から桜井線に乗り南下するコースを選んだ。この桜井線は「万葉まほろば線」の愛称があり、山辺《やまのべ》の道ぞいで、沿線には史跡が多い。また、駅名も古風である。「京終《きょうばて》」「帯解《おびとけ》」「纒向《まきむく》」など、初めての来訪者には読みづらい駅名が並ぶ。京終は、平城京の南の果ての意であるという。帯解については、講義のときに教授がロマンチックな地名であると説明したが、筆者には、当時その真意が理解できなかった思い出がある。

纒向は三世紀を中心とした遺跡の密集地で、邪馬台国《やまたいこく》の有力候補地であり、いまは読み易い「巻向」の字が宛てられてもいる。とりわけ、卑弥呼《ひみこ》の墓とされる箸墓《はしはか》古墳は、最古級の前方後円墳で遺跡のシンボル的存在である。

すぐ近くの三輪山《みわやま》は神体山で、山を御神体とする大神《おおみわ》神社が麓にあり、日本では最古式の形態を伝存している。山は禁足地で、一般人が足を踏み入れることは禁止されていた。それでも一度登ってみたいと願っていたところ、知人の紹介で、にわか信者になる方法をひそかに教えられ、種々の制限のもと登山を許可されて登頂したことがあった。

その三輪山を、初夏の晴天のもと仰ぎ見ながら、列車は桜井駅に到着し、ここで近鉄線に乗り換えた。それにしても、「万葉まほろば線」の愛称は、この桜井線の別称としてふさわしい。「まほろば」とは、古語で「真秀《まほ》らま」、最もすぐれた所の意であり、『書紀』によると、ヤマトタケルが国見《くにみ》をして、大和盆地の景観を訓んだとの伝承がある。それは、

倭《やまと》は　国のまほらま　畳《たた》づく　青垣
山籠《やまこも》れる　倭《やまと》し麗《うるわ》し

の歌とされている。

桜井で乗り換えた近鉄線は伊勢方向に向う線である。急行とは名ばかりで、各駅停車と変らない。途中の「長谷寺」を過ぎて二十分ほどで「室生口大野」で下車、バスの時刻表を見ると、一時間に一本しか室生寺行きはない。シャクナゲの咲く春季の土・日・祝日は臨時バスが運行しているらしい。

室生寺仁王門

歩くと、七キロほどあるのでタクシーで室生寺に行く。途中、大野寺の磨崖仏を見ることができるコースを、運転手さんにお願いした。じつは、二十年前に訪ねたときは、道路工事中であったのか、別のコースを通り磨崖仏を見ることができなかった。したがって、筆者としては大学時代の初回と、その後の訪問から数えて四十年ぶりの再会であった。なつかしい対面であったが、川をへだてて少し距離があったのと、磨崖仏の線刻が磨滅していて、筆者のカメラでは不明瞭にしか映っていない。

タクシーは、ほぼ室生川に沿って走り、室生寺参道の入口に着いた。入口付近の茶店の景観は大きな変化がなく、なつかしい風景である。また、寺内に入っても、以前とほとんど変らず、一二〇〇年前の建造物と伽藍配置が、時が止まったように不変であった。

筆者は、奈良・京都の寺院の大半をめぐっているが、この室生寺ほど古代の雰囲気をそのまま残している所はない。また、いつも参拝者が少なく、この寺に魅せられて個人あるいは少人数での再訪者と見られる人たちである。

平安時代以後、寺院は都市あるいはその周辺を離れて山地に建立されている。それは朝廷の政策でもあったが、僧侶の修行の場として山地が求められたことによる。延暦寺が比叡山に、金剛峯寺《こんごうぶ》が高野山に建てられたが、多くの山地寺院は建立当時の伽藍を失い、ほとんど後世に再建されたものである。

室生寺五重塔

そのような現況の中で、室生寺だけはほぼ創建時の伽藍とその配置を伝存しており、山地寺院の様相を残している代表例である。また、高野山が女人禁制であったのに対し、同じ真言宗でありながら、女人参拝を認め、「女人高野」として女性に愛好されたことでも知られている。

とりわけ、檜皮葺の五重塔は、小塔な

がらその美しさに心をひかれる女性が多い、といわれている。筆者が室生寺を初めて参拝したのは、六十年余り前の冬であったから、諸堂は雪をかぶり、静かに眠っているようであった。また、シャクナゲはようやくつぼみをふくらませてもいた。

石段の多い伽藍配置

室生寺は山地寺院の中でも諸堂それぞれの場所がせまく、お堂とお堂の間は石の階段で結ばれている。したがって、お堂の一つ一つが小世界をなしていて、全体を一覧することができない。そこで、石段を登りながらつぎつぎの世界を想像する興味を抱かせる。疲れながらもつぎに展開する世界を見る期待から、歩調を変えずに、つい登ってしまう。

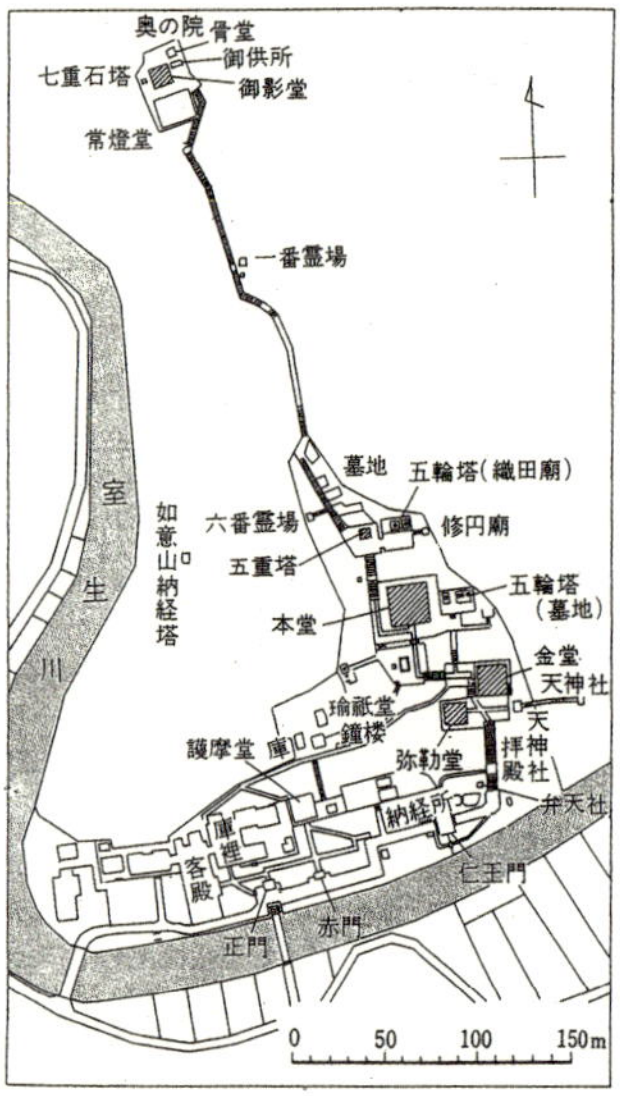

室生寺伽藍配置図

その石段の石は多少手を加え

てはいるが、自然石で造られており、体力と気遣いが必要である。筆者が学生時代に参拝したときは、その石段に雪が積もっていたので、前人の足跡を確認しながら、一段一段積雪を避けながら登っていった。

お堂は瓦葺きはほどんどなく檜皮葺きか、あるいは柿《こけら》葺きであった。柿とは、木材を長方形状に作った小板で、その小板を重ねるように葺いたものである。一見「柿《かき》」の字と似ているが、別字である。瓦葺きは、寒冷地では長持ちしないようである。

冬の室生寺本堂

山地寺院でも比叡山や高野山のような大規模寺院は、現在では山頂に近い所を広く平地化して諸堂が建立されているので、山地感が少ない。それらに対し室生寺は山の斜面の一角ずつを切り開いて一堂、また一堂を造立しているので、いかにも山地寺院らしい伽藍の配置を伝えている。

ところで、奈良時代までは平地寺院が主であったことから、伽藍配置は一定の方式があった。まず、門は南に開く南大門が正門であり、正門を入ると塔、あるいは金堂《こんどう》が正面にある。塔が正面の方式は、飛鳥寺や四天王寺などで最古の方式である。それが時代が下降すると、正面に金堂が配置されるようになる。薬師寺や東大寺がその典型である。その過渡期の中間に位置するのが法隆寺で、正門（中門）の正面に塔と金堂が並置されている。

ところが、山地に立地する寺院は、正門を南に配置しようとしても、地形の関係で造立が困難な場合が出てくる。読者で京都の清水寺《きよみずでら》を参詣した人は、その時のことを思い出していただきたい。坂を登りつめた正面に正門があったはずである。その門は寺域の西端にあり、南側は崖になっていた。「清水の舞台」といわれている場所が南側に当たる方向である。

ところが、本堂は南向きであり、寺院本来の建て方に従っている。じつは、知恩院も清水寺と同じで、正門は西側にあり、入場すると右手に廻って、南向きの本堂の正面に出てくる。いずれも地形に制約されたものである。

つぎに、平安時代以後、山地寺院が一般的になってくると、寺院に山号《さんごう》が付けられるようになる。比叡山延暦寺、高野山金剛峯寺というようになるが、このような山号は創建当初からではなく、時期的には少し遅れて付けられたようである。

このような山号は、その後寺院が平地に建てられても付けるのが慣例になってくる。読者の近辺に寺院があったら、その寺院の山号を確認してみよう。たとえば、東京浅草の浅草寺《せんそうじ》の山号は金龍《こんりゅう》山であり、福井県の曹洞《そうとう》宗の大本山永平《えいへい》寺の山号は吉祥《きっしょう》山であり、京都の嵯峨にある臨済宗の天龍寺の山号は霊亀《りょうき》山である。このようによく知られた寺院でなくても、山号はほとんどの寺院に付けられているのが現状である。

吉野・大峯山登頂

人生には、ときたま思わぬ体験をすることがある。筆者は学生時代に家庭教師のアルバイトをしていた。高校受験をひかえた男子中学生であった。その中学生の父親から、子どもの成績を伸ばすため、夏休みに集中的に勉強を見ることを依頼され、父親の実家が吉野郡の山中にあり、涼しい所なので一緒に行ってくれないかとのことであった。

筆者は好奇心から、その申し入れを受け入れ、一夏を吉野の山中で過ごすことになった。その場所は、近鉄で終点の「吉野」まで行き、そこからバスで一時間半〜二時間、それも険しい崖道を、ガードレールもない道を辿り、着いた所は、奈良県吉野郡天川《てんかわ》村洞川《どろかわ》という集落であった。標高八〇〇メートルという。大峯山《おおみねさん》の入口に立地する集落で、宿坊が多く食堂などもあった。山中にありながら、結構人気《ひとけ》のある所であった。

聞くところによると、夏場だけの事で、秋以後はまったく静寂な所という。とくに冬はバスも通れなくなることが多いらしい。筆者は北九州で生まれ、鹿児島市に疎開して。大学は奈良市に来たので、このような山中での生活は珍しかったから、見聞することすべてに興味があった。

とりわけ、大峯山は修験道の修行の山で、女人禁制ということであり、どんな人達が登るのか、しばらくはその観察に余念のないありさまであった。生徒の父親の実家は、大峯山参道の入口近くにあり、その観察には好適な場所でもあった。

修験道の修行といっても、夏休みには小・中学生を連れた団体が多く、初体験者が大半を占めている。もちろん男子ばかりである。それらの団体客は宿坊に泊り、翌朝先達《せんだつ》に引率されて山に入る。先達は、いわば指導者で地元の人が多い。白装束でホラ貝を持ち、登山道を案内しながら、各所で修行を指導する。団体客のなかにも白装束が目立つ。まずは、身なりから修行の意気込みを示そうとしているようである。

これまでは大学の講義で修験道の話を聞いてきたが、筆者はその実像を見て、尋ねたいことがつぎつぎに湧き出してきた。父親の実家の家人はそれぞれ山仕事や宿坊の手伝いなどの仕事があり、朝出かけていくと、夕方から夜にならないと帰って来ない。昼間は、家の留守番役の老婆とわれわれ二人だけであった。しかし、その老婆も女人禁制で大峯山に足を踏み入れたことはないということで、山中の修行の実際については、当初はほとんど聞くことができなかった。

それでも筆者と慣れてくると、下山して来た人びとから聞いたことを、少しずつ聞かせてくれるようになった。老婆は「小菊《こぎく》さん」という名で呼ばれており、どこか都会風であり、この家に嫁ぐ前は大阪に住んでいらたしく、大阪の地名についてはよく知っていた。そんなことで、団体客が大阪の場合は、この家に立ち寄ることもあるらしく、山中のようすについても聞いていたようである。

小菊さんから聞き出したことで、筆者の印象に残っているいる言葉は、つぎのよう

大峯山　西の覗き（天川村提供）

であった。それは女人禁制の真意についてである。

女人禁制は、女性は不浄で山を穢《けが》すなどといわれるが、それは男たちが勝手にもっともらしい理由をつけて云っていることである。真意は、男性ばかりの修行集団に女性が一人でも入ると、精神統一が困難になり、修行の遂行が困難になるからである、とのことであった。

この言葉は、その後に筆者が民俗学の講義を受けて、赤《あか》不浄（女性の生理や出産の穢《けが》れ）・黒《くろ》不浄（死の穢れ）などの用語を聞くようになってからも、頭の片隅に残っていて、いつも小菊さんの言葉の方が納得できる、と思い続けている。

筆者は洞川滞在中に、一度は自分も大峯山に登頂しようと思い立ち、奈良の学友二人に声をかけ、家庭教師をしていた中学生も入れて四人で、団体の後について修行の実際を体験してみた。

大峯山（山上ヶ岳《さんじょう》）は標高一七〇〇メートル余と聞いているので、洞川の標高八〇〇メートルからは九〇〇メートル余り登ればよい、と甘く見ていたが、険しい難所が多く簡単ではなかった。数か所かは鎖《くさり》を便りに登らなければならなかった。

さらなる難所は、「覗《のぞ》き」などの霊場である。ここに来ると、断崖絶壁の頂から、身体をロープでしばり逆《さか》さ吊《づ》りにして、崖下に向けて吊《つ》るすのである。筆者たちの前を行く団体には、小学校高学年や中学生男子が何人か混じっていたが、その一人一人を、その「覗き」から逆さ吊りにして、「親孝行するか」とか、「勉強するか」などと問答していた。

子どもたちに続いて、成人にも同じ修行が課されるのであった。かられには、「親を養い、仕事に精を出すか」などと、それぞれに相応した問答が続いた。いずれも目の眩《くら》むような絶壁から吊り下げられた状態での問答であるから、のどから絞り出されるような声で、応諾の返事をしていた。

大峯山寺

そのような行場を何か所か、横目で見ながら通過して、やっと頂上まで辿り着いた。洞川から三時間余りかかっていた。頂上には大峯山寺《おおみねさんじ》というかなり大きなお堂があり、こんな所まで資材を運んだ昔人の信仰心に感動させられた。

伝承によると、七世紀末に修験道の開祖役小角《えんのをづぬ》（役行者）によって建てられたというが、何度も火災にあい、現存の本堂は十七世紀の築造が基本になっているようである。

頂上で、小菊さんにつくっていただいたにぎり飯をほおばった。そして、竹筒の水筒の水を飲み、下山にかかり、四人とも無事洞川に帰着した。

女人禁制の習俗

女人禁制の歴史は古いものか。古代史の文献史料を主に読んできた筆者には、この習俗は少なくとも古代ではあまり問題にならないように思うので、あらためてその概略を追ってみたい。

女性の社会的地位をもっともよく表すのは、その経済力であろう。財産権と表現してもよい。古代の女性は財産権において、男性と全く対等であった。平安初期に成立した『日本霊異記《りょういき》』は日本最古の説話集で、当時の社会状況を知る手がかりを与えてくれる。その中に讃岐《さぬき》国（現、香川県）の大領（郡長）の妻、田中真人広虫女《まひとひろむしめ》が大量の馬牛・奴婢《ぬひ》・稲銭・田畑などを所有するいっぽうで、高利貸によって財を蓄えていた話がある。

この一例をもってしても女性は自分の財産を所有し、それを増やす活動をしており、夫はそれを認めていた。この説話から想像すると、夫と妻はそれぞれに財産を所有しており、結婚によって女性の財産を夫の財産に統合するようなことはなかったようである。したがって、結婚しても女性の社会的地位は維持されていた。したがって、もし離婚するようなことになっても、それぞれ自分の財産は管理することになる。

一般の公民は、記録されることがほとんどないので、その具体例をあげることはできないが、古代の婚姻は婿入婚《むこいり》が多かったといわれているので、結婚後も財産権が女性にあり、所有権・処分権は女性側にあったとみてよいであろう。

しかしながら十世紀以降になると、男性長老などの家父長の権力が一族内で強まるようになってくる。その結果、一族あるいは共同体内部で男性の優位性がしだいに顕著になってくる。その背景には武家社会への進行もはたらいていたとみられる。それでも一部には、女性の社会的地位が保持される例があった。北条政子や、時代が下って日野富子にそれを見ることは可能であろう。

といっても、このような女性は特例であり、一般女性の社会的地位は下降していたようである。江戸時代になると、女性の生理や出産にともなう血の穢れを忌み嫌う考え方が強まったと見られる。その一つの契機は、五代将軍徳川綱吉の出した服忌令《ぶっき》であった。

綱吉の生類憐みの令はよく知られているが、服忌令は、死や血を忌み嫌う風潮をつくり出した。大阪の陣以後、戦乱がなく、血や死を見ることは武士といえども日常からは遠ざかり、近親者に死者があった時には喪に服したり忌引きする風習が強まった。

このような風習は、以後社会に浸透し、現在の「忌引」や「喪中」にその影響を残している。また、血を忌み嫌うことから、女性を穢れた存在とすることにつながり、特定の行事に女性の参加を認めない「女人禁制」が現在も見られる。

しかしながら筆者は、男性も女性から生まれて存在していることを考えると、女性を差別する「女人禁制」の根元の思考は、現代社会には全く受け容れられないものと思っている。

あとがき

ある読者が筆者の書いたものを読んで、「郷土史的であるが、日本史ですね」と云い、また「古代史のようですが、現代史ですね」と評された。

筆者は、この的確な批評に心底を見透かされた思いであった。この批評は、筆者が心がけていることではあっても、あまり表面に出さずに記述してきたつもりであった。

本書でも批評のように、身近なことを述べながらも、それが日本史のなかでどのように位置づけられるのかに、配慮したと思っている。

本書は「モシターンきりしま」の214号から225号に連載したものに加筆して、一書にまとめたものである。なるべく平易な文章で、理解してもらえるように努めてみた。

本書の出版を快くお引き受けいただいた国分進行堂の赤塚恒久さんに、心より感謝申し上げたい。

二〇一九年一月

中村明蔵

著者紹介
中村明蔵（なかむら　あきぞう）
1935年、福岡県北九州市生まれ。1962年、立命館大学大学院日本史学専攻修士課程修了。ラ・サール高校教諭、鹿児島女子短期大学教授、鹿児島国際大学国際文化学部教授を経て、現在、同大学生涯学習講師。文学博士。主な著書に、「薩摩　民衆支配の構造」（南方新社）「鑑真幻影」（同）「飛鳥の朝廷」（評論社）「熊襲と隼人」（同）「隼人の研究」（学生社）「隼人の楯」（同）「熊襲・隼人の社会史研究」（名著出版）「隼人と律令国家」（同）「南九州古代ロマン」（丸山学芸図書）「新訂　隼人の研究」（同）「クマソの虚構と実像」（同）「かごしま文庫（29）ハヤト・南島共和国」（春苑堂出版）「古代隼人社会の構造と展開」（岩田書院）「神になった隼人」（南日本新聞社）「隼人の古代史」（平凡社新書）「中村明蔵雑論集」（洛西出版）「隼人の実像」（南方新社）「隼人異聞史話」（国分進行堂）「薩隅今昔史談」「かごしま歴史探訪」「「さつま」から見る歴史断章」（同）。

隼人から見た現代模様

2019年２月28日　第一刷発行

著　者　中村明蔵
発行者　赤塚恒久
発行所　国分進行堂
〒899-4332
鹿児島県霧島市国分中央３丁目 16−33
電話　0995−45−1015
振替口座　0185−430−当座 373
URL　http://www5.synapse.ne.jp/shinkodo/
E-MAIL　shin_s_sb@po2.synapse.ne.jp

印刷・製本　株式会社 国分進行堂

ISBN978-4-9908198-0-4